VIVIR BELLAMENTE

Vivir
Bellamente

... en la incertidumbre y el cambio

PEMA CHÖDRÖN

 Gaia Ediciones

El extracto del poema «Dream Corridor» (página 57) pertenece a *Fuck You, Cancer & Other Poems*, de Rick Fields (Crooked Cloud Project, Berkeley, California, 1997), y se utiliza aquí con el permiso de Zaentz Media Center. La oración de la página 179 se utiliza aquí con el permiso de Dzigar Kongtrül. Los extractos de la traducción de *The Way of the Bodhisattva* (*Bodhicharyavatara*) [*La práctica del bodisatva*] ©1997, del Padmakara Translation Group, se han utilizado aquí con permiso de los autores. Los extractos de *The Words of My Perfect Teacher* ©1994, 1998, del Padmakara Translation Group, se han utilizado aquí con permiso de los autores.

Título original: *Living Beautifully with Uncertainty and Change*

Traducción: Puerto Barruetabeña

© 2012, Pema Chödrön
Editado por acuerdo con Shambhala Publications, Inc. (Boston, EE. UU.)

De la presente edición en castellano:
© Gaia Ediciones, 2012
   Alquimia, 6 - 28933 Móstoles (Madrid) - España
   www.alfaomega.es - E-mail: alfaomega@alfaomega.es

Primera edición: mayo de 2013

Depósito legal: M. 16.331-2013
I.S.B.N.: 978-84-8445-483-0

Impreso en España por: Artes Gráficas COFÁS, S.A. - Móstoles (Madrid)

Que las aspiraciones
de Chögyam Trungpa Rinpoche,
el Druk Sakyong, el Dorje Dradül de Mukpo,
se cumplan con celeridad.

Índice

Prefacio

L AS ENSEÑANZAS QUE CONTIENE este libro se impartieron en Gampo Abbey, un monasterio budista que hay en Cape Breton, Nueva Escocia (Canadá), en 2009, durante el retiro invernal de seis semanas conocido como *yarne*. Se trata de una interpretación libre de los contenidos del budismo tradicional relativos a los denominados «tres votos»: el voto *pratimoksha*, el voto *bodhisattva* y el voto *samaya*.

Normalmente estos contenidos se presentan dentro de un contexto en el que se sobreentiende que estos votos habrían de realizarse formalmente ante un maestro. El voto *pratimoksha* debería ser el primero, seguido más adelante por el voto *bodhisattva*, y por último, si el alumno decide trabajar más rigurosamente con un maestro de *vajrayana*, entonces hace el voto *samaya*.

En este caso he optado por enseñar estos votos de una forma más general, presentándolos como tres compromisos que cualquiera de nosotros que pertenezca a una religión (o que no comulgue con ninguna) puede asumir para relacionarse con

11

nuestra experiencia vital de naturaleza impermanente y siempre cambiante, así como para utilizar esa experiencia cotidiana con el fin de despertarnos y ayudarnos a estar más atentos, a aligerar nuestras vidas y a ser más afectuosos y más conscientes de la existencia de los demás.

Espero que este enfoque tan intencionadamente poco convencional de un tema muy tradicional ayude y anime a todos los que lean este libro e incluso provoque la curiosidad de algunos lectores sobre la forma tradicional de hacer estos votos dentro del viaje del budismo hacia la iluminación.

PEMA CHÖDRÖN

Una panorámica

Vivir es una forma de no estar seguro,
de no saber lo que vendrá después ni en qué forma.
En el momento en que sepamos cómo, empezaremos
a morir un poco. Los artistas nunca sabemos nada del
todo. Suponemos. Podemos estar equivocados, pero
aun así nos lanzamos de un salto a la oscuridad una
y otra vez.

AGNES DE MILLE

1
La incierta condición de ser humanos

> La vida es como subirse a un barco
> que está a punto de zarpar y hundirse
> en el océano.
>
> SHUNRYU SUZUKI ROSHI

COMO SERES HUMANOS QUE SOMOS, en cuanto nos damos cuenta de que todo lo que nos rodea está en continuo cambio, compartimos la tendencia de buscar desesperadamente la certidumbre. Cuando llegan tiempos difíciles, parece intensificarse esta pugna por hallar un suelo sólido que nos permita mantener el equilibrio, un lugar seguro y predecible donde afirmarnos. Pero lo cierto es que la naturaleza misma de la existencia es cambiar perennemente. Todo cambia incesantemente, tanto si nos damos cuenta de ello como si no.

¡Menuda situación! Parecemos condenados a sufrir simplemente porque tenemos un miedo muy arraigado a cómo son las cosas realmente. Nuestros intentos por encontrar un placer o una seguridad duraderos entran en contradicción con el hecho de que somos parte de un sistema dinámico en el que todo y todos estamos dentro de un proceso.

De modo que nos encontramos ante un dilema que nos provoca un montón de preguntas complejas: ¿cómo podemos vivir plenamente si nos enfrentamos a esa impermanencia y sabemos que un día vamos a morir? ¿Cómo sentirnos al darnos cuenta de que nunca vamos a tener algo que sea total y absolutamente perfecto? ¿Es posible desarrollar nuestra capacidad de afrontar la inestabilidad y al cambio? ¿Cómo podemos mantenernos serenos ante la imprevisibilidad y la incertidumbre y aceptarlas como herramientas para transformar nuestras vidas?

Buda decía que la impermanencia era una de las tres características fundamentales de nuestra existencia, un hecho incontrovertible de la vida. Pero es algo contra lo que nos resistimos con mucha fuerza. Creemos que si hacemos esto o no hacemos lo otro podremos de alguna forma lograr una vida segura, infalible y fácil de controlar. ¡Y cuánto nos decepcionamos cuando las cosas no nos salen como planeamos!

Hace poco leí en una entrevista que el corresponsal de guerra Chris Hedges aludía a lo que me pareció la descripción perfecta de nuestra situación: «la ambigüedad moral de la existencia humana». Con ella se refería, según creo, a la elección esencial que se nos presenta a todos: aferrarnos a la falsa seguridad de nuestras ideas fijas y nuestras visiones tribales, aunque solo nos proporcionen una satisfacción momentánea, o superar nuestros miedos y dar el salto para vivir una vida auténtica. Esa expresión, «la ambigüedad moral de la existencia humana», resonó en mi interior porque abordaba una noción sobre la que yo he estado reflexionando durante años: ¿cómo podemos relajarnos y tener una relación genuina y apasionada con la incertidumbre fundamental y con la falta de arraigos esenciales donde poder apoyarnos?

Mi primer maestro, Chögyam Trungpa, solía hablar de la ansiedad fundamental del ser humano. Esta ansiedad o sensación de vértigo ante la impermanencia no es algo que nos afecte solo a unos pocos; más bien se trata de un estado que lo domina todo y que compartimos todos los seres humanos. Pero en vez de vernos desalentados por la ambigüedad, la incertidumbre de la vida, ¿por qué no aceptarla y relajarnos con ella? ¿Por qué no decir: «Sí, así es como es, esto es lo que significa ser humanos» y decidir que vamos a sentarnos cómodamente y disfrutar del viaje?

Por suerte Buda nos dio muchas instrucciones para hacer justo eso. Entre ellas encontramos la tradición que en el budismo tibetano se conoce como «los tres votos» o «los tres compromisos». Son tres métodos para aceptar lo caótico, lo inestable, lo dinámico, la naturaleza desafiante de nuestra situación como camino hacia el despertar. El primer compromiso, denominado tradicionalmente el voto *pratimoksha*, es la base para la liberación personal. Se trata del compromiso de procurar no infligir daño con nuestras acciones, palabras o pensamientos, un compromiso para mostrar bondad unos con otros. Nos proporciona una estructura en la que aprendemos a trabajar con nuestros pensamientos y emociones y a evitar hablar o actuar empujados por la confusión. El siguiente paso para estar cómodos con ese desarraigo existencial es el compromiso de ayudar a los demás. Este voto, tradicionalmente llamado *bodhisattva*, consiste en dedicar nuestras vidas a mantener los corazones y las mentes abiertos y en alimentar nuestra compasión a fin de aliviar el sufrimiento del mundo. El último de los tres compromisos, conocido tradicionalmente como voto *samaya*, estriba en la resolución de aceptar el mundo tal como es, sin prejuicios.

Es un compromiso para ver todo lo que surja ante nosotros, bueno o malo, agradable o doloroso, como una manifestación de energía de la iluminación. De esta manera nos comprometemos a ver todas las cosas como un medio a través del cual podemos aumentar nuestro despertar.

¿Pero qué significa la ambigüedad fundamental del ser humano en la vida cotidiana? Por encima de todo implica comprender que todo cambia. Como escribió Shantideva, un maestro budista del siglo VIII, en su obra *La práctica del bodisatva*:

> Todo lo que poseo y uso
> Es como la fugaz visión de un sueño.
> Se desvanece en el reino de la memoria;
> Y tras desvanecerse, ya no vuelvo a verlo nunca más.

Tanto si somos conscientes de ello como si no, el terreno que pisamos siempre está cambiando. Nada permanece, ni siquiera nosotros. Aunque probablemente hay muy pocas personas que, en algún momento, se ven atenazadas por la idea de su propia muerte, existen numerosas evidencias de que este pensamiento, este miedo, nos persigue constantemente. «Yo también soy algo muy breve que está de paso», nos dice Shantideva.

¿Y qué hacemos los humanos ante este estado de ambigüedad y desarraigo? Primero nos aferramos al placer e intentamos evitar el dolor, pero a pesar de nuestros esfuerzos siempre estamos fluctuando entre ambos estados. Realizamos todo tipo de cosas movidos por la ilusión de que experimentar una seguridad y un bienestar constantes es el estado ideal, y por eso intentamos lograrlo comiendo, bebiendo, tomando drogas, trabajando demasiado, pasando muchas horas pegados al ordenador o a la televisión. Sin embargo, nunca llegamos a ese estado de satisfacción continua que buscamos. Nos sentimos bien a ratos; físicamente no sentimos dolor ni notamos nada extraño a nivel mental. Pero eso cambia de repente y nos vemos golpeados por un dolor físico o alguna angustia psicológica. Supongo que incluso sería posible plasmar gráficamente cómo el placer y el dolor se alternan en nuestras vidas, una hora tras otra, un día tras otro o año tras año, primero predominando uno y después el otro.

No obstante, no es la impermanencia en sí misma, ni siquiera el convencimiento de que vamos a morir, la causa de nuestro sufrimiento, como nos enseñó Buda. Es más bien nuestra resistencia a la incertidumbre fundamental de nuestra situación. Nuestra incomodidad surge de todos nuestros esfuerzos por intentar arraigarnos en algún apoyo estable y por darnos cuenta de que nuestra aspiración de permanecer siempre felices y satisfechos no es más que un sueño. Precisamente nuestra resistencia al cambio constituye lo que nosotros llamamos sufrimiento. Pero cuando permitimos que las cosas pasen y no luchamos contra ellas, cuando aceptamos la falta de arraigos consistentes y nos relajamos ante la naturaleza dinámica de la vida, entonces estamos experimentando la iluminación o el despertar a nuestra verdadera naturaleza, a nuestra bondad fundamental. Otra palabra para esto es «libertad»: libertad de la lucha constante contra la ambigüedad fundamental de ser humanos.

A lo que apunta la incierta condición de ser humanos es a que, por mucho que nosotros queramos, nunca podremos decir: «Este es el único camino verdadero. Así es como son las cosas. Punto». En esa entrevista, Chris Hedges también mencionaba el dolor que se produce cuando un grupo o una comunidad religiosa se empeña en que su particular visión de las cosas es la única y verdadera. Nosotros como individuos también tenemos multitud de tendencias fundamentalistas que utilizamos para proporcionarnos tranquilidad. Nos aferramos a determinadas posiciones o creencias intentando así darle una buena explicación a la realidad y no nos mostramos dispuestos a tolerar la incertidumbre ni la incomodidad de permanecer abiertos a otras posibilidades. Nos agarramos a esa opinión como si nos erigiéramos en alguna tribuna personal y nos volvemos muy dogmáticos.

La raíz de esas tendencias fundamentalistas y dogmáticas es habernos encasillado en una identidad fija, en una imagen inamovible de nosotros mismos como personas buenas o malas, dignas o indignas, esto o lo otro. Con una identidad prefijada, lo único de lo que hemos de ocuparnos es de reorganizar la realidad, porque la realidad no siempre se ajusta a nuestro punto de vista.

Cuando llegué a Gampo Abbey, me consideraba una persona agradable, flexible, de mente y corazón abiertos. Parte de esa definición era cierta, pero había algo más que todavía no había visto. Para empezar, yo era una directora terrible; el resto de los residentes se sentían desautorizados por mí. Me señalaron mis defectos, pero yo no fui capaz de escuchar lo que me decían debido a mi rígida autoimagen. Cada vez que venía gente nueva a vivir aquí, yo recibía las mismas opiniones negativas, pero seguía sin escuchar. Un patrón de comportamiento que siguió así durante varios años. Pero repentinamente un día fue como si todo encajara en su sitio y se situara de forma que por fin entendí lo que todo el mundo me estaba diciendo sobre cómo les afectaba mi comportamiento. Por fin me llegó el mensaje.

Así es como se vive en un estado de negación: no te llega nada que no encaje en la imagen que te has forjado de ti mismo. Ni siquiera las cosas positivas (por ejemplo, que eres amable con los demás, que has hecho un buen trabajo y que tienes un maravilloso sentido del humor) pueden colarse a través de esa autoimagen prefijada. No puedes aceptar nada que no encaje con la idea que tienes de ti mismo.

En el budismo denominamos «apego al yo» a esa noción de la petrificada imagen de uno mismo. Es la forma que tenemos de arraigarnos en una base firme en este mundo perpetuamente cambiante. La práctica de la meditación empieza a erosionar esa imagen fosilizada de ti mismo. Cuando te sientas a meditar empiezas a verte con más claridad y te das cuenta de lo arraigadas que están tus opiniones sobre ti mismo. Normalmente el primer embate a la propia imagen se ve precipitado por una crisis. Cuando las cosas empiezan a desmoronarse en tu vida, como me pasó a mí cuando llegué a Gampo Abbey, te parece que todo tu mundo se está haciendo pedazos. Sin embargo, lo que en realidad se está derrumbando es la imagen que tenías de ti mismo. Y, como solía decirnos Chögyam Trungpa, eso debería ser motivo de celebración.

El objetivo del camino espiritual es desenmascararnos, despojarnos de nuestra armadura. Cuando eso ocurre, lo vivimos como si fuera una crisis porque realmente *es* una crisis: una crisis de la supuesta imagen que creíamos ser. Buda nos enseñó que la cristalización de nuestra propia autoimagen es la causa de nuestro sufrimiento. Y si lo analizamos con más profundidad aún podríamos decir que la verdadera causa del sufrimiento es que no somos capaces de tolerar la incertidumbre y que pensamos que es perfectamente razonable y normal negar la falta de arraigos consistentes sobre la que apoyar nuestra humana condición.

Ese apego al yo es nuestra forma de negación de la vida. Una vez que nos encasillamos en una imagen de lo que somos («así soy yo»), entonces lo vemos todo o como una amenaza o como una oportunidad para nuestra autoimagen, y de no ser así no nos importa nada. Sea lo que sea lo que nos encontremos, nos sentimos atraídos, repelidos o simplemente somos indiferentes en función de cómo aquello refuerce o ponga en peligro nuestra propia imagen. Las ideas fijas que tenemos sobre nosotros mismos constituyen nuestra falsa seguridad. Una precaria seguridad que mantenemos a base de filtrar todas nuestras experiencias a través de esta perspectiva. Cuando alguien nos cae bien suele deberse a que nos hace sentir a gusto; puesto que no se entromete en nuestro camino ni perturba nuestra propia imagen, le aceptamos de buena gana. Por el contrario, cuando no congeniamos con alguien, no está en nuestra onda y no queremos tener nada que ver con esa persona, normalmente es porque pone en peligro nuestra autoimagen; estamos incómodos en su presencia porque no nos responde como esperamos y no nos deja funcionar de la forma que queremos. Normalmente vemos a la gente que no nos gusta como nuestros enemigos, pero la verdad es que son importantísimos para nosotros. Son los que más nos enseñan, como unos mensajeros especiales que aparecen justo cuando los necesitamos para hacernos ver esa imagen personal con la que tanto nos hemos identificado.

La incomodidad derivada del desarraigo personal, de la ambigüedad fundamental de ser humanos proviene de nuestro apego a que las cosas sean de una cierta manera. La palabra tibetana para ese apego es *shenpa*. Mi maestro Dzigar Kongtrül decía que el *shenpa* es el barómetro del aferramiento al yo, un indicio de nuestra autoimplicación y autoimportancia. El *shenpa* posee una cualidad visceral asociada a apropiarse de lo que sucede o, justo lo contrario, a apartarse; se trata del sentimiento de «me gusta, quiero, necesito» y de «no me gusta, no quiero, no necesito, deseo que desaparezca». Yo veo el *shenpa* como una sensación de estar atrapado. Es esa sensación de bloqueo, de opresión, cierre o separación que experimentamos cuando estamos incómodos con lo que está ocurriendo. El *shenpa* también es la necesidad imperiosa de recurrir a algo que nos dé placer para aliviarnos de esos sentimientos.

Cualquier cosa puede desencadenar ese apego, esa necesidad: alguien que critica nuestro trabajo o que nos mira mal, el perro que mordisquea nuestros zapatos favoritos, o nosotros mismos cuando nos manchamos nuestra corbata favorita. En un momento dado nos sentimos perfectamente pero de repente pasa algo y nos vemos, en un abrir y cerrar de ojos, llenos de ira, celos, culpa, reproches o inseguridades. Esa incomodidad, esa sensación de que todo se descoloca porque las cosas no están «como deberían estar», porque queremos o bien que duren más o bien que nos dejen en paz, es la experiencia visceral de la incierta condición humana.

Durante la mayor parte del tiempo nuestros apegos, nuestros *shenpa*, aparecen de improviso e involuntariamente: constituyen nuestra respuesta habitual cuando nos sentimos inseguros. Y cuando nos vemos atrapados por esa sensación buscamos cualquier cosa que nos alivie la incomodidad: comida, alcohol, sexo, compras o, incluso, mostrarnos críticos o mezquinos. Sin embargo, podríamos reaccionar de manera más provechosa cuando nos surge esa sensación de exasperación. Es algo similar a lo que hacemos a la hora de gestionar el dolor. Una conocida forma de habérnoslas con el dolor físico es la meditación de la atención consciente (*mindfulness*), que implica focalizar toda nuestra atención en el dolor e inhalar y exhalar centrados en ese punto doloroso. En vez de intentar evitar el malestar, hay que abrirse completamente a él, volverse receptivo a la sensación de dolor sin regodearse en las ideas que surgen en la mente: «Esto está mal. No debería sentirme así. Tal vez esta sensación no desaparezca nunca».

Al entrar en contacto con la compleja sensación del *shenpa*, habría que hacer básicamente lo mismo que a la hora de tratar con un dolor físico. Tanto si se trata de una sensación de «me gusta» como de «no me gusta» o de un estado emocional de soledad, depresión o ansiedad, lo que deberíamos hacer es abrirnos totalmente a la sensación dejando a un lado todas las interpretaciones mentales. Si ya has aplicado esta técnica al dolor físico, sabrás que el resultado puede parecer casi milagroso. Cuando diriges toda tu atención hacia la rodilla, la espalda o la cabeza, lo que te duela en ese momento, cuando dejas a un lado las argumentaciones de bueno/malo, correcto/incorrecto y te ciñes a experimentar el dolor directamente, aunque sea durante poco tiempo, entonces tus ideas sobre el dolor (y a veces incluso el propio dolor) simplemente se disuelven y desaparecen.

Shantideva dijo que el sufrimiento que experimentamos en forma de dolor físico es totalmente conceptual; no proviene de la sensación en sí misma sino de cómo la vemos. Utilizó el ejemplo de los karna, una secta de la antigua India en la que sus miembros se hacían cortes y quemaduras como parte de una práctica ritual. Ellos asociaban el dolor extremo con el éxtasis espiritual, así que tenía para ellos un significado positivo. Muchos atletas experimentan algo similar cuando sienten «la quemazón». La sensación física en sí misma no es ni buena ni mala; es nuestra interpretación lo que la hace una cosa u otra.

Todo esto me ha recordado una cosa que pasó cuando mi intrépido hijo tenía unos doce años. Estábamos de pie en una pequeña plataforma en la proa de un barco grande, un poco como Leonardo DiCaprio y Kate Winslet en la película *Titanic*, y empecé a contarle que tenía miedo a las alturas. Le dije que no sabía si iba a poder quedarme allí mucho rato porque estaba sintiendo todo tipo de cosas y las piernas empezaban a fallarme. No voy a olvidar en la vida la expresión de su cara cuando me dijo: «Mamá, ¡eso es exactamente lo mismo que siento yo!». La diferencia estaba en que a él le encantaba esa sensación. Todos mis sobrinos y sobrinas hacen *puenting* y espeleología, a ellos les encantan esas aventuras que yo evito a toda costa porque no estoy dispuesta a experimentar, por nada del mundo, las mismas sensaciones que a ellos les apasionan.

De modo que podemos aplicar ese mismo planteamiento a nuestra desconcertante condición humana y así poder trabajar con sentimientos como el miedo o la aversión en vez de evitarlos. Si podemos entrar en contacto con la sensación como sensación en sí y abrirnos a ella sin calificarla como buena o mala, entonces, incluso aunque sintamos la necesidad de evitarla, podremos permanecer con ella y seguir profundizando.

En el libro de la neurocientífica Jill Bolte Taylor sobre su recuperación de un ictus masivo titulado *My Stroke of Insight*, se explica el mecanismo fisiológico que hay detrás de la emoción: una emoción como la ira es una respuesta automática que dura justo noventa segundos desde el momento en que se desencadena hasta que completa su recorrido y desaparece. Un minuto y medio, eso es todo. Si dura más, lo que suele ocurrir, es porque hemos puesto de nuestra parte para reavivarla.

No obstante, también podríamos aprovecharnos de que nuestras emociones tengan una naturaleza tan fugaz y cambiante. ¿Lo hacemos? Desde luego que no. En vez de eso, cuando nos surge una emoción, la alimentamos con nuestros pensamientos, y la reacción que debería durar solo un minuto y medio puede alargarse hasta diez o veinte años. Nos dedicamos a reciclar una y otra vez nuestra historia personal reforzando así nuestros viejos hábitos.

Muchos de nosotros tenemos enfermedades físicas o mentales que nos han causado agobio en el pasado. Y en cuanto sentimos el más mínimo indicio de que se acerca de nuevo (un incipiente ataque de asma, el menor síntoma de fatiga crónica, una punzada de ansiedad), sucumbimos al pánico. En vez de relajarnos ante esa sensación y permitir que siga su recorrido de un minuto y medio mientras nosotros nos mostramos totalmente abiertos y receptivos ante ella, empezamos a decir: «¡Oh, no! ¡Oh, no! Aquí viene de nuevo». Nos negamos a sentir la inevitable incertidumbre humana cuando surge con esa forma y hacemos lo más perjudicial para nosotros: ponemos a funcionar nuestra mente a mil por hora para darle vueltas y más vueltas: «¿Y si pasa esto? ¿Y si pasa lo otro?». De esta manera, ponemos en marcha una gran cantidad de actividad mental y el cuerpo, las palabras y la mente se ven implicados en este intento de huida de ese sentimiento que lo único que consigue es que siga creciendo, avanzando, empeorando.

Para contrarrestar esa respuesta mecánica podemos ejercitar nuestra capacidad de estar presentes. Una mujer que conocía los comentarios de Jill Bolte Taylor sobre la duración de la emoción me envió una carta en la que describía lo que hace cuando le surge un sentimiento de inquietud o preocupación: «Simplemente hago lo del minuto y medio».

Me parece una pauta efectiva: cuando entres en contacto con la sensación de desarraigo, una forma de tratar con ese sentimiento complicado y desconcertante es «hacer lo del minuto y medio»:

Reconoce la sensación, dedícale toda tu atención de forma compasiva o incluso acogedora y deja de pensar en la historia personal que acompaña al sentimiento, aunque solo sea durante unos segundos. Eso te permitirá tener una experiencia directa del mismo, exenta de interpretaciones. No alimentes la sensación con conceptos u opiniones sobre si es buena o mala. Solo permanece presente con ella. ¿Dónde se sitúa en tu cuerpo? ¿Permanece inmutable durante mucho tiempo? ¿Cambia o se altera?

El yo o la imagen que nos hemos forjado de nosotros mismos, además de significar que tenemos unas ideas inamovibles sobre quiénes somos, también implica que poseemos ideas inamovibles acerca de todo lo que percibimos. Yo tengo una idea prefijada sobre ti y tú sobre mí. Una vez que aparece esa sensación de separación, se producen emociones muy fuertes. En el budismo, las emociones fuertes como la ira, la necesidad, el orgullo y los celos se conocen como *kleshas*, es decir, emociones en conflicto que nublan la mente. Las *kleshas* son nuestro vehículo para escapar de la sensación de desarraigo y por eso, cada vez que nos dejamos arrastrar por ellas, nuestras costumbres preexistentes se refuerzan. En el budismo, se denomina *samsara* a ese darle vueltas y vueltas a las cosas, a repetir siempre los mismos patrones. Y *samsara* es igual a dolor.

No dejamos de intentar alejarnos de la incertidumbre consuntancial a la condición humana; pero no es posible. No podemos escapar de la incertidumbre como tampoco podemos librarnos del cambio ni de la muerte. La causa de nuestro sufrimiento es nuestra reacción ante esa realidad, para la que no hay escapatoria: el apego al yo y a todos los problemas que surgen de él, todas las cosas que nos dificultan estar cómodos en nuestra propia piel y llevarnos bien con los demás.

Si la forma que tenemos de tratar con esos sentimientos es estar presentes, estar con ellos pero sin alimentar la historia personal que los acompaña, entonces nos surge la pregunta: ¿cómo, para empezar, podemos conectarnos con la incierta condición humana? Eso no es difícil; esa inquietud básica está casi siempre presente en nuestras vidas. Es bastante fácil reconocerla; lo que no es tan fácil es neutralizarla. La inquietud puede ser cualquier cosa, desde una ligera incomodidad hasta el puro terror. La ansiedad nos hace sentir vulnerables, algo que no suele gustarnos. La vulnerabilidad aparece disfrazada de muchas cosas. Puede que sintamos que hemos perdido un poco la perspectiva, como si no supiéramos qué está ocurriendo o no tuviéramos control sobre las circunstancias. Tal vez nos sintamos solos, deprimidos o enfadados. La mayoría de nosotros tendemos a evitar las emociones que nos hacen sentir vulnerables, así que hacemos casi cualquier cosa para librarnos de ellas.

Pero si, en vez de pensar que esos sentimientos son malos, pudiéramos verlos como señales o barómetros que nos dicen que estamos en contacto con esa falta de arraigos estables, entonces podríamos ver esos sentimientos como lo que realmente son: la vía hacia la liberación, una puerta abierta a la libertad desde el sufrimiento, el camino hacia el bienestar y la alegría más profundos. Es posible elegir: podemos pasarnos toda la vida sufriendo porque no podemos asumir son serenidad cómo son las cosas o relajarnos y aceptar la variabilidad de la condición humana; algo cambiante, ni fijo ni objetivo.

El desafío consiste en notar la emoción que va aparejada con el *shenpa* cuando surge y quedarnos con ella durante un minuto y medio dejando a un lado la historia personal que la acompaña. ¿Eres capaz de hacer esto una vez al día, o todas las veces que quieras, cuando te surja ese sentimiento? Ahí está el reto. Ese es el proceso de desenmascarar nuestros mecanismos, soltar nuestras amarras y abrir la mente y el corazón.

2
La vida sin una historia personal

❀

MI NIETA ME CONTÓ que en la universidad la profesora les pidió a los alumnos que no llevasen los móviles a clase y, cuando lo hicieron, se sorprendió de lo centrada y atenta que estaba durante sus clases. Se dio cuenta de que toda su generación estaba sometida a un entrenamiento profundo e intensivo para distraerse con cualquier cosa. Para mí eso pone de manifiesto lo importante que es, tanto para su generación como para las anteriores y las que están por venir, contrarrestar esa tendencia mediante la práctica intensa de estar presentes en cada momento.

Al practicar el estar presente, muy pronto descubres lo persistente que es la historia personal. Tradicionalmente, en los textos del budismo, las tendencias características de nuestra historia personal se describen como semillas agazapadas en el inconsciente. Cuando se dan las condiciones y las causas adecuadas, esas propensiones preexistentes brotan como flores en primavera. Resulta muy útil darse cuenta de que la verdadera causa de nuestro sufrimiento reside en estas propensiones y no en lo que las provoca.

Una vez soñé con mi exmarido: yo estaba acomodándome para pasar una velada tranquila en casa cuando él llegó con seis invitados desconocidos y después desapareció, dejándome a cargo de todos ellos. Estaba furiosa. Al despertar, me lamenté de lo ocurrido: «¿De qué valen mis intentos de aplacar la rabia? Por lo que se ve, esa propensión sigue ahí». Entonces me puse a pensar en un incidente que había sucedido el día anterior y empecé a ponerme furiosa otra vez. Y eso hizo que me detuviera en seco y me diera cuenta de que, dormida o despierta, siempre es lo mismo. No es el contenido de nuestra película lo que requiere nuestra atención, sino el proyector. No es el argumento lo que está en la base de nuestro dolor; es nuestra propensión a que nos afecte.

La propensión a compadecernos de nosotros mismos, a estar celosos, a enfadarnos..., todas nuestras habituales y archiconocidas reacciones emocionales son como semillas que no dejamos de abonar y regar. Pero cada vez que nos paramos y nos dedicamos solo a presenciar la energía subyacente, dejamos de reforzar esas tendencias y empezamos a abrirnos hacia nuevas y regeneradoras posibilidades.

Al responder de forma diferente a un viejo hábito, seguramente empezarás a notar cambios en tu vida. Antes, cuando te enfadabas, necesitabas tres días para que se te pasara el mal humor, pero si interrumpes esos pensamientos de enfado llegará un momento en el que solo necesitarás un día para librarte del enfado. Y con el tiempo no serán más que horas y después un minuto y medio nada más. Así empezarás a liberarte del sufrimiento.

Es importante darse cuenta de que interrumpir los pensamientos no es lo mismo que reprimirlos. La represión es una negación de lo que está ocurriendo que únicamente sirve para cubrir y ocultar los sentimientos en un lugar donde acaban enconándose. Pero tampoco queremos ir detrás de los pensamientos y vernos atrapados por ellos. Interrumpir los pensamientos es algo intermedio entre aferrarse a ellos y apartarlos. Es una forma de permitir que los pensamientos vayan y vengan, que surjan y pasen sin concederles tanta importancia.

Lo que hemos de hacer es ejercitarnos para no seguir estos pensamientos, pero sin pretender librarnos de ellos totalmente porque eso es imposible. Probablemente tengas momentos en los que no pienses en nada y, cuando la práctica de la meditación vaya haciéndose más profunda, habrá periodos de tiempo más prolongados en los que la mente esté libre de todo pensamiento, aunque los pensamientos siempre terminan volviendo. La mente es así, esa es su naturaleza. Y no hay que criminalizar a esos pensamientos, solo hay que entrenarse para interrumpir su energía. La instrucción básica es dejarlos pasar (o etiquetarlos mentalmente como «pensamientos») y quedarse con la inmediatez de la experiencia.

Todo en tu interior va a querer hacer lo habitual, todo intentará reivindicar la historia personal: un argumento que proporciona certidumbre y comodidad, que reafirma el sentido estático y limitado de nosotros mismos y encierra una promesa de seguridad y felicidad. Pero se trata de una falsa promesa; cualquier felicidad que nos proporcione solo será temporal. Cuanto más practiques lo de no escapar al mundo fantástico de los pensamientos sino contactar con la sensación de falta de apoyos estables, más te acostumbrarás a experimentar esas emociones como simples sensaciones: sin conceptos ni historias personales ni ideas predeterminadas acerca del bien y el mal.

Aun así, la tendencia a buscar como sea la seguridad intentará reafirmarse y ganar terreno. No podemos subestimar la tranquilidad tan real (y tan fugaz) que proporciona. La maestra de meditación Tara Bach, en su libro *Radical Acceptance*, describe una práctica que ella utiliza en momentos como estos. Se basa en los encuentros de Buda con su némesis, Mara, un demonio que no dejaba de aparecerse para tentar a Buda con la intención de que abandonara su propósito espiritual y volviera a su antiguo camino de inconsciencia. Psicológicamente Mara representa la falsa promesa de la felicidad y la seguridad que ofrecen nuestros reacciones mecánicas habituales. De modo que siempre que aparecía Mara, a menudo con mujeres hermosas o acompañado de otras tentaciones, Buda le decía: «Te veo, Mara. Sé que eres un embaucador. Sé lo que intentas hacer». Y después invitaba a su némesis a sentarse para tomar el té. Cuando nosotros nos veamos tentados a volver a nuestras formas habituales de evitar afrontar la falta de apoyos estables, podemos mirar a la tentación a los ojos y decirle: «Te veo, Mara», y después sentarnos con nuestra incierta condición humana sin hacer ningún juicio ni para bien ni para mal.

En un libro que he leído hace poco, el autor hablaba de los humanos como seres de transición: seres que no están totalmente encasillados ni tampoco son totalmente libres, sino que se encuentran en el proceso de despertar. A mí me ayuda verme así, en el proceso de convertirme en algo, de evolucionar. Ni estoy totalmente condenada a fracasar ni tampoco soy del todo libre, sino que estoy creando mi futuro con cada palabra, cada acción, cada pensamiento. De esta manera, me encuentro en una situación muy dinámica con un potencial inimaginable. Y tengo todo lo que necesito para simplemente relajarme y dejarme fluir y ser en el devenir existencial; dispongo de todo lo necesario para comprometerme con el proceso del despertar.

En vez de vivir rechazando lo que la vida nos presenta y de empeñarnos constantemente en negar nuestra ineludible situación de impermanencia y cambio, podemos contactar con nuestra incierta condición humana y aceptarla. No nos gusta considerarnos personas estancadas y reacias al cambio, aunque emocionalmente sí apostamos por ello. Lo que nos ocurre es, sencillamente, que no queremos asumir la incomodidad aterradora y desconcertante que nos provoca la sensación de desarraigo. Pero no debemos cerrarnos de ninguna manera cuando nos sintamos así. Debemos volvernos hacia esa sensación y decir: «Así es como se siente uno cuando tiene la mente libre de ideas fijas, cuando se libera de estar cerrado ante la vida. Esta es la sensación de la bondad objetiva y sin restricciones. Tal vez debería ser curioso y ver si puedo ir más allá de mi resistencia y experimentar la bondad».

El budismo mantiene que la verdadera naturaleza de la mente es tan vasta como el cielo y que los pensamientos y emociones son como las nubes que, desde una posición estratégica, lo oscurecen. Nos enseña que si queremos experimentar la naturaleza ilimitada del cielo tenemos que tener curiosidad por esas nubes. Si las miramos detenidamente, se hacen jirones y detrás aparece de nuevo la infinitud del cielo, que no se había ido a ninguna parte: siempre estuvo ahí, pero estaba momentáneamente oculto por esas fugaces y cambiantes nubes.

El proceso del despertar necesita disciplina y coraje. Dejar pasar esos pensamientos y emociones que son como las nubes del ejemplo es algo raro al principio. Esos pensamientos y emociones pueden hacer que sea difícil para nosotros contactar con la apertura de nuestras mentes; son como viejos amigos que nos han acompañado prácticamente toda la vida y ahora nos resistimos con fuerza a decirles adiós. Pero cada vez que empiezas a meditar puedes decidir que vas a intentar soltar los pensamientos y estar justo aquí, con la inmediatez de la experiencia. Tal vez hoy solo puedas estar aquí durante cinco segundos, pero cualquier progreso encaminado a evitar las distracciones es positivo.

Chögyam Trungpa utilizaba una imagen para ilustrar nuestra tendencia a oscurecer la apertura de nuestro ser; él la llamaba «maquillar el espacio». Podemos aspirar a experimentar el espacio sin maquillar. Si permanecemos abiertos y receptivos, incluso durante poco tiempo, empezamos a interrumpir nuestra profundamente arraigada resistencia a sentir lo que estamos sintiendo, a estar presentes donde estamos.

Creer en nuestra historia e identificarnos con las interpretaciones que incluimos en nuestra experiencia es algo muy arraigado en nosotros. Afirmamos nuestras opiniones como si fueran indiscutibles: «Jane es una persona sumamente horrible. Estoy seguro de ello. Ralph es entrañable. No tengo ninguna duda». La forma que tenemos de debilitar la costumbre de aferrarnos a ideas fijas para entrar en contacto con la fluidez de los pensamientos y emociones es cambiar nuestro punto de vista y adquirir una perspectiva más amplia. En vez de vernos atrapados en el drama, debemos intentar sentir la energía dinámica de los pensamientos y las emociones, experimentar el espacio que hay alrededor de los pensamientos y ver cómo surgen en el espacio: permanecen allí un momento y después vuelven al mismo espacio. Si no reprimimos esos pensamientos y emociones ni intentamos tampoco correr tras ellos, entonces nos encontraremos en un lugar interesante: el lugar de no rechazar ni justificar nada, que está justo en el medio de la nada. Y ahí es donde finalmente podemos aceptar lo que estamos sintiendo. Ahí es donde podemos levantar la vista y ver el cielo.

Al meditar puede que afloren recuerdos de algo perturbador que te ocurrió en el pasado. Y eso puede resultar muy liberador. Pero si vuelves a los recuerdos de algo perturbador una y otra vez, reviviendo lo que pasó y obsesionándote con la historia, eso se convertirá en parte de tu identidad estática. Solo estarás reforzando la propensión a experimentar que tú eres la víctima, quien salió perjudicado, una propensión preexistente a culpar a los demás (a tus padres o a cualquier otra persona) de haberte tratado mal. Seguir reciclando la vieja historia es una forma de evitar la incierta condición humana. Las emociones se perpetúan cuando las alimentamos con palabras. Es como echar queroseno sobre un rescoldo para que vuelva a arder. Sin las palabras, sin los pensamientos repetitivos, las emociones no duran más que un minuto y medio.

Nuestra identidad, que parece tan fiable, tan sólida, es

realmente algo muy fluido y dinámico. Hay innumerables posibilidades sobre lo que podemos pensar, sentir y cómo podemos experimentar la realidad. Tenemos lo que hace falta para liberarnos del sufrimiento de ser una identidad fija y conectar con la parte fugaz y escurridiza pero fundamental de nosotros, el misterio de nuestro ser, que no tiene una identidad preestablecida. La idea que tienes de ti mismo (quién piensas que eres a nivel relativo) es una versión muy restringida de quién eres en realidad. Pero la parte buena es que puedes utilizar tu experiencia directa (quién pareces ser en este preciso momento) como entrada hacia tu verdadera naturaleza. Entrando en contacto totalmente con este momento relativo en el tiempo (con el sonido que oyes, lo que hueles, el dolor o la comodidad que sientes ahora mismo), estando totalmente presente con tu experiencia, entras en contacto con la extensión ilimitada de tu ser.

Todos nuestros patrones habituales son esfuerzos por mantener una identidad predecible: «soy una persona irascible», «soy una persona agradable», «soy un gusano despreciable». Podemos trabajar con esos hábitos mentales cuando nos surgen y permanecer con la experiencia no solo cuando estamos meditando, sino también en nuestra vida diaria. La incomodidad puede aparecer en la superficie en cualquier momento, tanto si estamos a solas como si estamos con los demás, no importa lo que estemos haciendo. Puede que pensemos que esos sentimientos penetrantes y dolorosos son signos de peligro, pero de hecho son señales de que hemos entrado en contacto con la fluidez fundamental de la vida. En vez de escondernos de esos sentimientos permaneciendo encerrados en la burbuja de nuestro yo, podemos dejar que la verdadera realidad de las cosas se filtre y nos llegue. Esos momentos son grandes oportunidades. Aunque estemos rodeados de gente (en una reunión de trabajo, supongamos), cuando sintamos que surge la incertidumbre podemos simplemente respirar y permanecer presentes con nuestros sentimientos. No hay que sucumbir al pánico ni encerrarnos en nosotros mismos. No hay necesidad de responder de la forma habitual. Ni de luchar o huir. Podemos quedarnos ahí con los demás y al mismo tiempo aceptar lo que estamos sintiendo.

Las instrucciones, en su formulación más simple, constan de tres pasos:

Estar totalmente presente.
Sentir tu corazón.
Lanzarse al siguiente momento sin una idea preconcebida.

Yo utilizo este método justo en el momento en que surge lo que sea, en medio de cualquier cosa. Cuanto más permanezco presente en la meditación propiamente dicha, más familiar se vuelve el proceso y más fácil me resulta realizarlo en medio de las situaciones cotidianas. Pero independientemente de dónde practiquemos el hecho de estar presentes, eso nos pondrá en contacto con la incertidumbre y el cambio inherentes al hecho de estar vivos y nos dará la oportunidad de entrenarnos para permanecer alertas y presentes con todo lo que antes nos hacía huir.

Los tres compromisos son tres niveles de trabajo con la sensación de desarraigo. En todos ellos subyace la instrucción básica de reconciliarte contigo, de ser sincero contigo mismo y con los demás. Eso empieza con la disposición de estar presente cada vez que experimentes inquietud. Cuando esos sentimientos surjan, en vez de huir debes apoyarte en ellos. En vez de intentar librarte de ellos, siente curiosidad. Según te vayas acostumbrando a experimentar la sensación libre de interpretaciones irás entendiendo que entrar en contacto con la incierta condición de ser humanos nos proporciona una oportunidad muy valiosa: la de estar con la vida justo como es, la de experimentar la libertad de vivir sin una historia detrás.

El primer compromiso
Comprometerse a no causar daño

Es maravilloso que los seres humanos
estén dispuestos a desprenderse de incluso lo más
privado y secreto hasta que su tendencia a aferrarse a
cualquier cosa desaparece totalmente. Es un acto de
gran valentía.

CHÖGYAM TRUNGPA RINPOCHE

3

Colocar los cimientos

❈

LOS TRES COMPROMISOS JUNTOS nos proporcionan el apoyo necesario para relajarnos dentro del dinamismo fundamental de nuestras vidas. ¿Qué significa vivir según estos compromisos? Esa es una buena pregunta.

Según la definición del diccionario, un compromiso es una «obligación contraída», algo que nos une emocional y mentalmente a alguien, a algo o a alguna forma de actuar. Según el budismo tibetano tradicional, vivir bajo un compromiso significa, en pocas palabras, actuar o no actuar. Cuando asumimos un compromiso, establecemos claramente nuestras intenciones y sabemos que estamos aceptando hacer o no hacer. Por eso tiene tanto poder. Chögyam Trungpa decía que un voto de no matar, por ejemplo, tiene más poder que simplemente el acto de no matar. Si un león o un tigre no mata eso es algo virtuoso, pero cuando las causas y las condiciones se unan, el león o el tigre seguramente acabarán matando porque esa es su naturaleza. Pero a nosotros hacer un voto (es decir, adquirir un compromiso) nos permite no actuar siguiendo un reflejo cuando sentimos una necesidad. Podemos pararnos a pensar antes de hablar o actuar.

El compromiso es el verdadero núcleo para liberarnos de nuestros antiguos hábitos y miedos. Si nos vamos a embarcar en ese viaje, tiene sentido empezar colocando unos cimientos sólidos. Y podemos hacerlo con el primer compromiso, el compromiso de no causar daño, denominado tradicionalmente el voto *pratimoksha* o voto de la liberación personal: liberación del sufrimiento que surge cuando nos resistimos a la realidad de nuestra situación, al desarraigo fundamental de la vida. Una vez, cuando Chögyam Trungpa estaba hablando sobre la liberación personal, describió el primer compromiso como «salvarse de la neurosis samsárica», en otras palabras, del sufrimiento de la vida cotidiana. Como explicaba Khandro Rinpoche, otro maestro budista tibetano, este compromiso nos protege de caer en caprichos, agresiones o indiferencias innecesarios y de perseguirlos. Es la base de los otros dos compromisos (el voto de ayudarnos los unos a los otros y el de aceptar el mundo como es) y abre la puerta a la relajación con la fluidez y el cambio.

¿Cómo funciona el primer compromiso? Consiste en trabajar con tu mente, con los pensamientos y las emociones para notar y reconocer claramente cuándo estás intentando escapar de la incertidumbre fundamental de la vida. ¿Qué haces para llenar el tiempo y el espacio, para evitar estar presente? ¿Cómo actúas habitualmente? El primer compromiso nos da apoyo para que no escapemos hacia nuestros viejos patrones, para ver con total claridad que estamos a punto de huir y es el momento en que debemos tomar la decisión consciente de no hacerlo.

Todos tenemos nuestras formas familiares de evadirnos: engancharnos a la televisión, comprobar compulsivamente el correo electrónico, llegar a casa por la noche y tomarnos tres, cuatro o seis copas, comer demasiado, trabajar demasiado. A veces nuestro escape es hablar, hablar, nunca dejar de hablar sin intención de llegar a ninguna parte. Hablar es una parte importante de este compromiso. Hay formas infinitas de utilizar las palabras para distraernos. Y no solo hablar en voz alta. Mentalmente estamos inmersos en una conversación constante con nosotros mismos. Una de las razones por las que valoro tanto los retiros de meditación es porque puedo examinar detenidamente cómo, incluso en silencio total, mi mente sigue trabajando a toda velocidad.

El primer compromiso trata de apartarnos de las palabras y las acciones que son dañinas para nosotros mismos y para los demás. Nos libera haciéndonos mucho más conscientes de lo que sentimos para que podamos frenarnos siempre que sintamos la necesidad de mentir, criticar o de quedarnos con algo que no está destinado a nosotros, siempre que nos surja la necesidad de actuar según nuestros deseos, de mostrarnos agresivos o de escapar de alguna otra forma.

Como apoyo para librarnos de las palabras y las acciones dañinas puede resultar muy útil comprometerse con cuatro preceptos o directrices tradicionales: no matar, no robar, no mentir y no hacer daño a los demás con nuestras actividades sexuales. Podemos comprometernos con estos preceptos un día, una semana o durante toda la vida. Hay cientos de reglas para los monjes y las monjas ordenados, pero Buda dijo que los más importantes eran estos cuatro. Seguir estos preceptos básicamente nos proporciona espacio para examinar cualquier matiz de la necesidad de expresarnos negativamente y después, mientras reconocemos completamente nuestros sentimientos, hacer la elección de no realizar ninguna acción que pueda causar daño.

En su versión más simple, el camino de la liberación empieza evitando hacernos daño a nosotros mismos o a los demás. Cuando la gente oye la palabra «evitar» piensa automáticamente en «reprimir», y asumen que cuando les surja alguna necesidad simplemente tienen que ocultarla. En los círculos terapéuticos hay un debate constante sobre lo que causa más daño, si la represión o la manifestación. Para mí ambas son igual de perjudiciales. Cuando hablas o actúas se produce una reacción en cadena y las emociones de otras personas se ven implicadas en la situación. Cada vez que actúas agresivamente o por necesidad imperiosa, celos, envidia u orgullo, es como tirar una piedra a un estanque y ver cómo se expanden las ondas: todos los que hay a tu alrededor se ven afectados. Igualmente si reprimes tus sentimientos también se ve afectado todo el mundo porque vas caminando por ahí como un barril de dinamita a punto de estallar.

Evitar hablar o actuar ralentiza nuestro ritmo y nos permite ver nuestras respuestas habituales de una forma clarísima. Hasta que no vemos nuestras reacciones no podemos saber con precisión qué provoca que nos veamos atrapados y qué nos ayudará a liberarnos. Pero es importante que lo evitemos con un espíritu de autorreflexión compasiva, que veamos lo que decimos y hacemos basándonos en una confianza genuina en nuestra bondad básica. Cuando confiamos en que a nivel fundamental tenemos el corazón y la mente abiertos y que no nos vemos confundidos por nuestras emociones, entonces podemos saber lo que servirá para ayudarnos y lo que nos hará daño.

Si partes de la visión de que eres bueno en tu esencia en vez de la que dice que tu esencia tiene algún defecto, al hablar o actuar, al evitar algunas cosas, empezarás a tener una comprensión creciente de que no eres una mala persona que necesita mejorar, sino que realmente eres una buena persona con hábitos que te están causando mucho sufrimiento pero que son temporales y susceptibles de cambiar. Y gracias a ese espíritu te puedes ir familiarizando con esos hábitos temporales pero fuertemente arraigados. Podrás verlos con tanta claridad y tanta compasión que no seguirás reforzándolos.

El proceso de ver los hábitos con total claridad a veces se compara con tener un gran lienzo en blanco y después hacerle un punto con un pincel. El lienzo vacío representa la bondad básica, la naturaleza ilimitada de cada uno, mientras que el punto representa una costumbre. Puede ser un punto muy pequeño, pero en ese lienzo vacío resalta mucho. Desde esa perspectiva se puede ver claramente si es mejor hablar y actuar o no hacerlo. Así puedes empezar a entrenarte para saber lo que haces y cuándo lo haces. Y para ser indulgente contigo mismo en lo que respecta a tus palabras y tus acciones. Debes alegrarte cada vez que puedas reconocer que te ves inmerso en un antiguo patrón y consigas detenerte antes de hablar o actuar. Todos llevamos con nosotros toneladas de viejas costumbres, pero, por suerte para nosotros, hay posibilidad de eliminarlas. No tenemos que vivir bajo su peso permanente-mente. Conseguir evitarlas es algo muy poderoso porque nos da la oportunidad de reconocer cuándo nos vemos atrapados y cuándo podemos liberarnos.

Cada vez que *no* nos abstenemos de reaccionar sino que hablamos o actuamos sin reflexionar, estamos reforzando las viejas costumbres, reforzando las *kleshas* y el encasillamiento de nuestro ser. Estamos manteniendo en funcionamiento todo el mecanismo del sufrimiento. Pero cuando nos abstenemos de reaccionar nos estamos permitiendo sentir la incertidumbre subyacente, esa energía tensa e inquieta, sin intentar escapar de ella. Las vías de escape están ahí, pero nosotros no las es-tamos utilizando. Estamos entrando en contacto con la sen-sación de desasosiego fundamental y relajándonos con ella en vez de ir pasando como locos entre diferentes pensamientos y emociones. No estamos intentando erradicar los pensamien-tos, nos estamos entrenando para no vernos enredados en ellos. Dzigar Kongtrül tenía un cartel en la puerta de su cuarto de retiro que decía: «No creas todo lo que pienses». Y esa es la idea básica en este caso.

Según nos vamos haciendo conscientes de nuestros pen-samientos y emociones y los miramos con un interés y cu-riosidad llenos de bondad, empezamos a ver cómo nos pro-tegemos contra el dolor con una armadura y cómo esa armadura también nos aleja del dolor de otras personas (y también de su parte bella). Pero según vamos despojándonos de nuestras historias repetitivas e ideas preconcebidas sobre nosotros mismos (sobre todo esos sentimientos tan profun-dos de «algo va mal en mí»), la armadura empieza a caerse y nos abrimos al gran espacio de nuestra verdadera naturaleza profundizando en lo que verdaderamente somos más allá de nuestros pensamientos y emociones transitorios. Y podemos ver que nuestra armadura no está hecha más que de hábitos y miedos y empezamos a sentir que podemos dejar que todo eso se suelte.

El primer compromiso trabaja con las causas del sufrimiento y nos trae el fin de ese sufrimiento al permitirnos ver con claridad cuáles son nuestras vías de escape y permitiéndonos elegir no utilizarlas. La ciencia está demostrando que cada vez que nos abstenemos de reaccionar mecánicamente sin reprimirnos se establecen nuevas conexiones neuronales en el cerebro. Al no lanzarnos a las antiguas vías de escape nos estamos predisponiendo a nuevas formas de vernos a nosotros mismos, a una nueva forma de relacionarnos con el mundo misteriosamente impredecible en que vivimos.

Los tres compromisos no tienen intención moralizadora: no tienen nada que ver con «portarse bien». Tienen que ver con abrirnos hacia experiencias más amplias y cambiar desde el núcleo de nuestro ser. Comprender el primer compromiso y la premisa básica de reconocer nuestras vías de escape y no seguirlas es la base necesaria para comprender los compromisos siguientes.

El primer compromiso se denomina a menudo «el camino estrecho» porque es comparable con caminar por un pasillo muy estrecho. Si perdemos nuestra consciencia, nos desviaremos de nuestro rumbo y chocaremos con la pared, así que hay que tener la atención siempre en el camino y andar hacia delante sin desviarse. En el fondo este compromiso es muy simple: hablamos o actuamos con el fin de escapar o no. Los otros compromisos son más flexibles y no tienen unos límites tan claros (y tan tranquilizadores). Así que es importante empezar con este enfoque tan directo: no hablar o actuar para evadirnos. Punto. El primer compromiso requiere que seamos concienzudos a la hora de interrumpir la fuerza de la costumbre, de la huida. Si no, según el resto de compromisos se vayan volviendo más complejos y supongan un desafío mayor, nos surgirá una oleada de ansiedad, incomodidad o insatisfacción y automáticamente nos pondremos a buscar un escape.

Muchos de esos escapes son involuntarios: las adicciones o la disociación de los sentimientos dolorosos son dos ejemplos. Cualquiera que haya luchado con una fuerte adicción (la comida o el sexo compulsivos, el abuso de sustancias, la ira explosiva o cualquier otro comportamiento fuera de control) sabe que, cuando aparece, la necesidad se vuelve irresistible. La seducción es demasiado poderosa. Así que nos ejercitamos una y otra vez en situaciones cada vez más difíciles en las que el impulso está presente pero no es abrumador. Al entrenarnos con las irritaciones diarias desarrollamos el reflejo de evitar las cosas para cuando la situación se ponga difícil. Para no seguir tomando la conocida vía de escape de hablar o actuar se necesita paciencia y una comprensión profunda de cómo nos estamos haciendo daño con ella.

A veces oigo decir a la gente: «Oh, yo no necesito adquirir un compromiso para no matar, porque no voy a matar a nadie», o «Yo no robo y no soy un monje, pero llevo siendo célibe veinte años, así que ¿qué sentido tiene que me comprometa con el precepto de no tener relaciones sexuales dañinas?». El objetivo de mantener los preceptos es ir llegando a algo más profundo. Si nos ponemos al nivel de nuestros comportamientos cotidianos, evitar matar, mentir, robar o hacer daño a otros con nuestra actividad sexual se denomina «renuncia externa», una especie de cumplimiento de las normas. A nivel externo estás siguiendo las reglas. Pero la renuncia externa te pone en contacto con lo que está pasando *en tu interior*: el apego y la fijación, la tendencia a evitar la inquietante sensación de desarraigo subyacente. Abstenernos de las palabras o los actos perjudiciales constituye una renuncia externa; elegir no escapar de los sentimientos subyacentes es una renuncia interna. Los preceptos son el mecanismo que nos pone en contacto con la inquietud subyacente, con la dinámica fundamental de estar vivos. Trabajar con ese sentimiento y la neurosis que desencadena es una renuncia interna.

Si yo me comprometo a no criticar, cotillear o hablar mal de los demás, pero vivo sola en una cabaña en medio del bosque y no tengo nadie con quien hablar, entonces resultará fácil mantener ese precepto. Pero si en cuanto me encuentro con otra gente empiezo a cotillear, es que no he aprendido mucho del efecto perjudicial de las palabras dañinas. Ni tampoco sobre las emociones que las motivan. Pero mantener el precepto significa pensárselo dos veces antes de entrar en una conversación de ese tipo. De esa forma, tanto si nos comprometemos con cuatro, cinco, ocho o cien preceptos, adquirir ese compromiso nos protegerá cuando llegue la tentación.

Como forma de practicar, puedes adquirir el compromiso de mantener uno o más preceptos durante un día a la semana, dos veces al mes, la duración de un retiro de meditación o la vida entera. Los primeros cuatro preceptos se consideran los más básicos. El quinto, el de evitar las drogas y el alcohol, normalmente va unido a los otros cuatro. Las palabras de los cinco preceptos que aparecen a continuación se basan libremente en una versión del maestro zen vietnamita Thich Nhat Hanh.

1. SOBRE LA PROTECCIÓN DE LA VIDA

Consciente del sufrimiento que provoca la destrucción de la vida, yo hago el voto de no matar a ningún ser vivo. Haré todo lo que pueda para cultivar la actitud de no agresión y la compasión y para aprender a proteger la vida.

2. SOBRE RESPETAR LO QUE PERTENECE A LOS DEMÁS

Consciente del sufrimiento que provoca robar o coger algo que pertenece a otra persona, yo hago el voto de no apoderarme de lo que no me ofrezcan. Haré todo lo que pueda para respetar la propiedad de los demás.

3. SOBRE NO HACER DAÑO A OTROS CON NUESTRA ENERGÍA SEXUAL

Consciente del sufrimiento que provoca la energía sexual descontrolada o agresiva, yo hago el voto de ser fiel a mi pareja actual y no hacer daño a otras personas con mi energía sexual. Haré todo lo que pueda para ser consciente de lo que me hace daño a mí mismo y a otros y para cultivar el verdadero amor y respeto, libre de ataduras. Aspiro a servir y proteger a todos los seres.

4. SOBRE HABLAR DE FORMA CONSIDERADA

Consciente del sufrimiento que provoca hablar desconsideradamente, yo hago el voto de cultivar la forma de hablar más correcta. Sabiendo que las palabras pueden provocar felicidad o sufrimiento, haré todo lo que pueda para no mentir ni cotillear ni criticar, para no utilizar palabras duras o vanas y para no decir cosas que provoquen la división o el odio. Aspiro a decir siempre la verdad.

5. SOBRE PROTEGER EL CUERPO Y LA MENTE

Consciente del sufrimiento que provocan el alcohol, las drogas y otras sustancias similares, yo hago el voto de no beber alcohol ni tomar drogas. Haré todo lo que pueda para vivir mi vida de una forma que aumente mi fuerza interior y mi flexibilidad, así como mi apertura hacia todos los seres y hacia la vida misma.

Pero no es suficiente con seguir las reglas o los preceptos al pie de la letra. Mantenerme pegada a la manifestación externa puede ser solo otra forma de reforzar mi propia identidad preconcebida, de fortalecer mi autoimagen de persona virtuosa, alguien más puro que los demás. En otras palabras, puede ser una forma de reforzar mi orgullo. A menos que también incluya en el proceso una renuncia interna y reconozca que lo estoy utilizando para reivindicar mi identidad virtuosa, seguir las normas sin más puede ser tan perjudicial como romperlas.

En su obra *La práctica del bodisatva*, Shantideva enumera todas las formas que se le ocurren de expresar cómo es estar a punto de hablar o de actuar de forma neurótica. Y en todos los casos nos recomienda no hacerlo. Cuando surgen sentimientos de deseo o apetencias, o queremos hablar o actuar agresivamente, él advierte: «¡No actuéis! ¡Quedaos en silencio, no habléis!». Esa es la instrucción básica del primer compromiso: «No actuar y no hablar». Ese es el trabajo externo. Pero también hay un trabajo interno de exploración de lo que ocurre después cuando no actuamos y no hablamos. El consejo de Shantideva es:

Cuando la mente está llena de farsas
Y de orgullo y altiva arrogancia,
Cuando queremos mostrar al mundo los defectos
[ocultos de otros,
Sacar a la luz las antiguas disensiones o actuar con
[falsedad,
Cuando lo que queremos son halagos hacia nosotros,
Críticas para difamar a otros
O utilizar un lenguaje duro para provocar una trifulca,
Es cuando debemos mostrarnos justo como lo hace un
[tronco de madera.

Si no tenemos la tentación de actuar equivocadamente, el compromiso de no hacer daño no resultará tan transformador como si realmente queremos hablar o actuar de esa manera (cuando anhelamos la riqueza, la atención, la fama, los honores, el reconocimiento y tener «un círculo de admiradores», como dice Shantideva) pero hacemos el esfuerzo de no seguir los dictados de nuestro deseo. Tal vez tú quieras caerle bien a todo el mundo. O quedar por encima de otra persona. O simplemente te apetece cotillear. O estás impaciente. O estás deseando provocar una pelea. Tal vez te veas tentado a lanzarte a lo que Shantideva llama «un discurso altivo e insolente» o al cinismo, el sarcasmo y la condescendencia. Si reconoces lo que ocurre y evitas hacerlo, eso abrirá un espacio en tu mente. Aferrándote a tu forma de ver las cosas y a tus opiniones, pensando que siempre tienes razón y poniéndote por encima de los demás solo conseguirás estar perpetuamente atrapado. Seguirás haciendo que la gente se sienta furiosa o inferior y te mantendrás siempre luchando en batallas innecesarias. ¿Y cuál es el remedio? Examínate, dice Shantideva. Mira exactamente lo que estás haciendo. «Fíjate en tus pensamientos dañinos y en cada lucha fútil y aplica los remedios necesarios para mantener la mente tranquila», aconseja Shantideva.

Cuando te abstengas de reaccionar mecánicamente, cuando sientas la fuerza de tus pensamientos y emociones habituales pero no busques la vía de escape hablando o actuando, entonces podrás intentar este ejercicio de renuncia interna:

Fíjate en cómo te sientes: ¿Cómo sientes en tu cuerpo esas necesidades o tendencias agresivas?

Fíjate en lo que piensas: ¿Qué tipo de pensamientos crean esos sentimientos?

Fíjate en tus acciones: ¿Cómo tratas a otras personas y cómo te tratas a ti mismo cuando te sientes así?

Esto es lo que significa vivir bajo este compromiso. Una vez le preguntaron a Chögyam Trungpa: «¿Compromiso con qué?», y él respondió: «Compromiso con la sensatez». También podríamos decir que es un compromiso con el coraje, con el desarrollo de una amistad incondicional con nosotros mismos.

Para profundizar un poco más en lo que significa la renuncia interna, puedes intentar la práctica de abstenerte de una sola cosa:

Durante un día (o un día a la semana), prescinde de algo que hagas normalmente para huir, para escapar. Escoge algo muy concreto, como comer demasiado, dormir demasiado, trabajar demasiado o pasar demasiado tiempo mandando SMS o comprobando el correo electrónico. Establece un compromiso contigo mismo de trabajar con amabilidad y compasión para evitar ese hábito durante un día. Y comprométete a ello de verdad. Hazlo con la intención de que te ponga en contacto con la ansiedad o la incertidumbre subyacente que has estado evitando. Y cuando lo hagas, fíjate en lo que descubres.

Cuando nos abstenemos de los pensamientos y comportamientos habituales, los sentimientos de incomodidad siguen estando ahí, no desaparecen por arte de magia. Con los años yo he empezado a llamar a este tiempo de intentar estar tranquilo con la incomodidad el «periodo de desintoxicación», porque cuando no actúas según tus reacciones habituales es como empezar a dejar una adicción. Tienes que quedarte con los sentimientos de los que estás tratando de escapar. Y lo importante es desarrollar una relación incondicional con ellos.

La ansiedad subyacente puede ser muy fuerte y la puedes experimentar en forma de desesperación o incluso de terror. Pero lo básico es que si puedes permanecer con el sentimiento, si puedes pasar por todo el miedo, la desesperación y la resistencia en sus diferentes formas, encontrarás tu bondad básica y todo se abrirá para ti. Un poema del difunto Rick Fields habla de este proceso:

> Este mundo, absolutamente puro
> Como es. Tras el miedo,
> La vulnerabilidad. Tras eso,
> La tristeza, después la compasión
> Y tras todo ello, el vasto cielo.

Con esta práctica, esta exploración de la renuncia interna, podemos gradualmente ir viendo más allá de nuestra identidad fija basada en el miedo. Cuando establecemos una relación compasiva y sin miedo con la realidad de la condición humana (con nuestros hábitos, nuestras emociones, nuestra falta de apoyos consistentes), gradualmente algo cambia a nivel fundamental y experimentamos la naturaleza objetiva de la mente, que es como el cielo. Chögyam Trungpa dijo que este estado de la mente es algo completamente fresco, completamente nuevo, completamente objetivo. Nosotros lo llamamos iluminación. En otras palabras, la iluminación ya está aquí, solo necesitamos tocarla, conocerla, confiar en ella. Pero primero tenemos que hacer un viaje a través de nuestra resistencia, conociendo todos los detalles, todas las estrategias y escapes. De esa forma descubriremos esa consciencia.

Pero ¿qué ocurre si rompemos el compromiso? ¿Qué ocurre, por ejemplo, si actuamos o hablamos de una forma dañina? ¿Qué hacemos entonces? Si caemos en los patrones habituales, en las salidas de siempre, algo inevitable de vez en cuando, ¿cómo volvemos al camino?

Hay una práctica en el budismo denominada *sojong*, que nos da la oportunidad de reflexionar sobre dónde estamos en cuanto a abstenernos de reaccionar se refiere y, cuando sentimos que realmente lo hemos estropeado todo, dejar eso atrás y empezar de nuevo. Tradicionalmente el *sojong* se realiza dos veces al mes, en los días de luna llena y luna nueva. El día anterior cada persona revisa las dos semanas transcurridas y reflexiona: «¿Qué he hecho con mi cuerpo? ¿Qué he hecho con mis palabras? ¿Y qué hay de mi mente: está tranquila o está en todas partes y nunca presente?». Debemos explorar estas preguntas sin autocrítica ni culpa en la medida de lo posible. En Gampo Abbey, el día antes del *sojong* nos reunimos y hablamos de lo que hemos estado trabajando durante las dos semanas anteriores. Compartimos nuestras reflexiones sobre lo que nos ha ayudado y lo que nos lo ha hecho más difícil.

El *sojong* es más o menos como los pasos cuarto y quinto de un programa de doce pasos como el utilizado, por ejemplo, en Alcohólicos Anónimos, los que se refieren a hacer un autoinventario «exhaustivo y sin miedo» y reconocer que nos hemos apartado del camino. Después hay que compartirlo con otra persona. El *sojong* es un proceso para evitar la culpa que nos permite evaluarnos con honestidad, reconocer lo que hemos hecho y dónde estamos, y después soltar todo el autojuicio para seguir adelante. En vez de aferrarte al punto de vista: «No tengo remedio. Van pasando semana tras semana, mes tras mes, año tras año y yo no puedo dejar de mentir (o del hábito que sea)», lo que puedes decir es: «Bueno, aquí es donde estoy ahora mismo. Confieso lo que ha ocurrido ahora y en el pasado y sigo adelante con la sensación de haber empezado de nuevo».

No hace falta que lo digas en voz alta, o que se lo comuniques a otra persona o ante un grupo, pero a la mayor parte de la gente le resulta más fácil zafarse de la autocrítica si comparte sus observaciones con otra persona, tal vez un amigo o un consejero espiritual. Lo hagas como lo hagas, el objetivo es ser totalmente sincero y, al mismo tiempo, dejar a un lado cualquier sentimiento de culpa. Una vez, un grupo de alumnos le preguntaron a Chögyam Trungpa por la culpa. Entre ellos estaba un hombre que había matado a gente en la guerra de Vietnam y que estaba torturado por la culpa y el odio hacia sí mismo. Chögyam Trungpa le dijo: «Eso sucedió entonces. Esto es ahora. Siempre puedes conectar con tu verdadera naturaleza en cualquier momento y librarte de cualquier cosa que sucediera antes». En vez de dejar que los arrepentimientos nos arrastren, podemos usarlos para animarnos a no repetir actos dañinos, para aprender cómo ser más sabios en el futuro. Somos fundamentalmente buenos, no fundamentalmente imperfectos, y podemos confiar en esa cualidad.

Nunca es demasiado tarde para recuperar tu voto, para renovar tu compromiso, para evitar determinados comportamientos. Pero al mismo tiempo, si no eres plenamente consciente de lo que estás haciendo, los patrones se harán cada vez más fuertes y seguirás haciendo las mismas cosas una y otra vez. Así que el proceso que empieza con el primer compromiso es una oportunidad para adquirir claridad de mente, palabras y acciones y, al mismo tiempo, reconocer sincera y amablemente lo que ocurrió en el pasado, dejar a un lado cualquier acto perjudicial y seguir adelante.

Nadie es perfecto a la hora de mantener el compromiso de no hacer daño, pero todavía mis alumnos me siguen preguntando: «¿Cómo puedo hacer este voto con integridad? Si es seguro que lo voy a romper, ¿qué sentido tiene?». Patrul Rinpoche, un maestro budista que vivió en el siglo XVIII, decía que no hay forma de escapar del hecho de hacer daño. Dedicó toda una sección de su libro *The Words of My Perfect Teacher* a todas las formas en que podemos hacer daño: seres incontables sufren para poder fabricar la ropa que llevamos, para traernos comida a la mesa. Hay seres que sufren incluso cuando caminamos. «¿Quién no es culpable de haber aplastado miles de pequeños insectos bajo sus pies?», preguntaba. Nuestra situación no tiene escapatoria porque estamos interconectados con todas las cosas. Lo que marca la diferencia es nuestra intención de no hacer daño. A nivel cotidiano, la intención de no hacer daño significa utilizar nuestro cuerpo, nuestras palabras y nuestra mente de una forma en la que no hagamos intencionadamente daño con nuestras acciones y nuestras palabras a las personas, los animales, los pájaros, los insectos o cualquier ser.

Y no solo hacemos el voto de no hacer daño, como decía Patrul Rinpoche, sino que también nos comprometemos a hacer lo contrario. A ayudar. A curar. A hacer todo lo que podamos para actuar en beneficio de los demás.

4

Estar completamente presentes, sentir el corazón y dar el salto

❀

L A PRÁCTICA DE ESTAR AQUÍ MISMO, estar completamente presentes, sentir el corazón y darle la bienvenida al siguiente momento con la mente abierta puede hacerse en cualquier momento: al levantarnos por la mañana, antes de una conversación difícil, siempre que surja el miedo o la incomodidad. Esta práctica es una forma maravillosa de reivindicar nuestra naturaleza de guerreros espirituales. En otras palabras, es una forma de sacar nuestro coraje, nuestra amabilidad y nuestra fuerza. Siempre que te apetezca puedes hacer una breve pausa y entrar en contacto con cómo te estás sintiendo a nivel físico y mental y después conectar con tu corazón (incluso puedes ponerte la mano sobre el corazón si quieres). Es una forma de extender la calidez y la aceptación a lo que sea que te está ocurriendo en ese momento. Puede que te duela la espalda, que tengas mal el estómago, que sientas pánico, rabia, impaciencia, calma, alegría…, lo que sea. Puedes dejar que se quede ahí, justo como está, sin etiquetarlo como algo bueno o algo malo, sin decirte que deberías o no deberías sentirte así. Al conectar con lo que es, con amor y aceptación, puedes seguir adelante con curiosidad y coraje. Yo denomino este tercer paso «dar el salto».

Para realizar esta práctica, la mayoría de nosotros necesitamos un poco de apoyo. No siempre es fácil estar totalmente presentes (o incluso parcialmente presentes), ni impregnar de calidez nuestra propia vida. E incluso es todavía más difícil desprendernos de nuestras formas habituales de ser en el mundo y dar el salto. Afortunadamente la meditación nos proporciona el apoyo que necesitamos. Es una práctica para estar presentes, para cultivar nuestro corazón y para soltar ataduras.

Igual que ensayamos con el piano para cultivar nuestra habilidad musical o entrenamos en algún deporte para cultivar nuestra capacidad atlética, podemos practicar la meditación para alimentar la capacidad natural de nuestra mente de estar presente, de sentir bondad, de abrirnos más allá de las opiniones y los puntos de vista rígidos. La meditación que me enseñaron y que practico tiene tres partes principales: la postura, el objeto de la meditación y la forma en que nos relacionamos con los pensamientos. Según vaya avanzando en la explicación de las instrucciones, iré señalando los aspectos que se refieren a estar presentes, sentir el corazón y soltar los prejuicios.

La instrucción básica empieza con la postura, es decir, la forma en la que el cuerpo nos sirve de apoyo mientras meditamos. Empezaremos estando totalmente presentes en nuestro cuerpo con consciencia de la forma en que estamos sentados, de las piernas, los brazos, el torso. Debemos adoptar una postura erguida y digna pero relajada que nos ayudará a tranquilizarnos internamente y a entrar en contacto con la sensación de confianza y dignidad que hay dentro de nosotros. Reivindicamos nuestra naturaleza guerrera, nuestra valentía, nuestra sensación fundamental de que estamos en nuestro pleno derecho. Si el cuerpo está erguido, la mente también lo estará. Los seis puntos de una buena postura que enseñaba Chögyam Trungpa nos ayudarán en este proceso. Esos seis puntos son: el asiento, las piernas, el torso, las manos, los ojos y la boca.

El primer punto es *el asiento*. A veces algunas personas se refieren a la meditación como «tomar asiento». Tomar asiento significa sentarse a meditar con la confianza de que tienes derecho a estar ahí, derecho a estar totalmente despierto. En términos más literales, el asiento debe ser plano y debe estar equilibrado. Si lo prefieres, puedes sentarte con un cojín de meditación bajo las nalgas para levantar la pelvis e inclinarla un poco hacia delante; eso te ayudará a sentarte cómodamente sin encorvarte. Sea cual sea la manera de sentarte, el cuerpo debería estar alineado, ni muy inclinado hacia delante ni muy inclinado hacia atrás, ni tampoco hacia la derecha o la izquierda. La idea es encontrar una posición cómoda para no estar revolviéndose ni cambiando continuamente de postura durante el periodo de meditación.

Si sentarte en un cojín te parece incómodo, puedes sentarte en una silla, preferiblemente con el respaldo recto y el asiento plano. Siéntate un poco adelantado en la silla para que no te reclines en el respaldo y coloca ambos pies apoyados totalmente en el suelo.

El segundo punto de una buena postura tiene que ver con *las piernas*. Si estás sentado en un cojín, las piernas deben estar dobladas cómodamente delante del cuerpo. Para reducir la tensión en la espalda es mejor que te asegures de que las rodillas no quedan más altas que las caderas. Puedes experimentar con diferentes posiciones de las piernas hasta que encuentres una que te resulte cómoda. Si durante la meditación te encuentras muy incómodo, puedes adoptar temporalmente una postura de descanso: manteniendo la espalda recta, dobla las rodillas y acerca las piernas al pecho. Puedes rodear las piernas con los brazos para mantenerlas en su sitio.

El siguiente punto de una buena postura es *el torso* (la parte del cuerpo que va del cuello a la zona de asiento). Sea cual sea la postura que elijas, la idea es mantener el torso erguido. La instrucción que daba Chögyam Trungpa era «parte delantera abierta, espalda fuerte». Espalda fuerte no significa espalda rígida, sino más bien una columna erguida y unos hombros que no estén hundidos. Eso deja la zona del corazón bien abierta y te permite sentirlo. Si empiezas a encogerte, la zona del corazón se verá constreñida, como si estuviéramos cerrándolo. Vuelve a sentarte erguido y ábrete, preparado para recibir de buena gana lo que surja. Algunas personas consiguen mantener el torso erguido visualizando las vértebras apiladas una sobre otra. Otros se imaginan una cuerda invisible atada a la coronilla que tira del cuerpo hacia arriba. La barbilla debe estar algo elevada, sobresaliendo un poco hacia delante.

Las manos son el cuarto punto de una buena postura. Una posición clásica es colocar las manos sobre los muslos con las palmas hacia abajo. A esa posición se la llama tradicionalmente la postura de «descanso de la mente». Como la longitud de los brazos varía, tendrás que experimentar para ver en qué lugar de los muslos pueden descansar cómodamente las manos para que el cuerpo permanezca alineado.

Después pasamos a *los ojos*, el quinto punto para una buena postura. A algunas personas les gusta meditar con los ojos cerrados, pero en la tradición en la que yo me formé mantenemos los ojos abiertos, mirando un poco hacia abajo, a un metro o dos por delante de nosotros. Mantener los ojos abiertos es una forma de cultivar una receptividad abierta; receptividad a cualquier pensamiento o emoción que nos surja en la mente durante la meditación, ante el entorno inmediato. Eso nos ayuda a estar totalmente presentes y a mantener una actitud de aceptación.

El último punto de la postura es *la boca*. La boca permanece un poco abierta. El objetivo de esto es permitir que la mandíbula se relaje y dejar que la respiración pase con facilidad por la nariz y la boca.

Cuando nos sentemos a meditar empezaremos comprobando los seis puntos para una buena postura, uno por uno. Esto se denomina a veces «retrotraernos al sentido del ser». Nos permite estar presentes en nuestro cuerpo mientras vemos cómo se desarrolla la película de nuestra vida.

Podemos practicar estar presentes durante el día; no hace falta que nos pongamos a meditar formalmente. El objeto o el centro de nuestra atención consciente puede ser cualquier cosa que nos traiga justo a donde estamos. Si estamos caminando, el objeto de la meditación puede ser el movimiento de las piernas y los pies. Si estamos fregando los platos, puede ser nuestras manos. Podemos traer nuestra atención consciente a cualquier acción: abrir una puerta, lavarnos el pelo o hacer la cama.

El objeto o el centro de la meditación formal es la respiración. Ser conscientes de la respiración nos mantiene presentes. Cuando nos distraigamos, cosa que probablemente ocurrirá, no le daremos mucha importancia. Nuestra actitud hacia la práctica debe ser siempre de calidez y aceptación. Como mi maestro Sakyong Mipham solía decir, deberíamos meditar desde el corazón. Cuando nuestra mente se dispersa, simplemente volvemos a traerla al presente, una y otra vez, todas las veces que hagan falta. No intentamos respirar de una forma artificial, sino que dejamos que el aire entre y salga de forma natural. Por su propia naturaleza, la respiración no es algo tangible; no hay nada en ella a lo que podamos aferrarnos. Por ello nuestra respiración nos proporciona una conexión inmediata con la impermanencia mientras experimentamos cómo surge continuamente y se vuelve a disolver en el espacio. Utilizar la respiración como objeto de meditación nos pone en contacto con la falta fundamental de apoyos sólidos de la vida y con la experiencia de soltar y dejar que todo sea como es. Esto nos sirve de entrenamiento para el tercer paso de esta práctica: dar el salto. Como la meditación es un entrenamiento para estar abiertos a lo que surja y tomárnoslo relajadamente, también nos proporciona la base adecuada para la autoaceptación y para mostrar calidez hacia los demás. En otras palabras, nos sirve de práctica para sentir nuestro corazón.

Sin forzarnos, dejamos que la atención se centre tranquilamente en la respiración según va entrando y saliendo. Algunas personas prefieren centrarse solo en la exhalación. Sea como sea, la atención debe ser tan leve que solo un cuarto de nuestra consciencia permanezca en la respiración, mientras que los otros tres cuartos estén en el espacio que hay alrededor de la respiración. El aire sale y se disuelve en el espacio, después vuelve a entrar. Eso siempre sigue siendo así sin necesidad de que nosotros lo provoquemos y sin que podamos controlarlo. Cada vez que el aire sale, simplemente dejamos que se vaya. Ocurra lo que ocurra, sean los que sean los pensamientos o las emociones, los sonidos o los movimientos en el ambiente, nos entrenamos para aceptarlos y no hacer ningún juicio de valor.

Utilizar la respiración como objeto de meditación sirve de apoyo para la capacidad natural de la mente para estar presente. Pero lo primero que notamos la mayoría de nosotros cuando empezamos a meditar es que la mente se pierde fácilmente, que nos distraemos sin darnos cuenta y que nos perdemos en planes o recuerdos. Cuando la mente se dispersa, la respiración nos sirve como un punto al que siempre podemos volver.

El hábito de evadirnos, de escapar hacia pensamientos y ensoñaciones es algo que ocurre muy habitualmente. De hecho, donde pasamos más tiempo es en el mundo de la fantasía. La maestra zen Charlotte Joko Beck denominaba esos episodios de fantasía como «la vida paralela».

Claro que no hace falta que estemos meditando para que la mente se pierda en esa vida alternativa. Podemos estar oyendo hablar a alguien y ver que nuestra mente simplemente se aleja. La persona está justo delante de nosotros, pero nosotros estamos en una playa de Waikiki. La principal forma que usamos para alejarnos es mantener un flujo constante de comentarios internos sobre lo que está pasando y lo que estamos sintiendo: «Me gusta esto, no me gusta lo otro, tengo calor, tengo frío», etc. De hecho, podemos vernos tan atrapados en ese diálogo interno que la gente que nos rodea se vuelve invisible. Una parte importante de la práctica de la meditación, por tanto, es parar de una forma no agresiva esa conversación continua que hay en nuestra cabeza y volver alegremente al presente, a estar presentes en el cuerpo y en la mente, sin prever un futuro o revivir el pasado, sino quedarnos en este preciso momento aunque solo sea brevemente.

Para devolver nuestra atención a la respiración podemos utilizar una técnica que se denomina «poner etiquetas». Cada vez que notamos que estamos distraídos, tomamos nota mentalmente de que estamos «pensando» y después devolvemos tranquilamente la atención a la respiración. Es importante mostrar una actitud amable mientras meditamos para entrenarnos en estar en buena sintonía con nosotros mismos en vez de en reforzar la rigidez y la autocrítica. Por ello intentamos poner esas etiquetas con una mente bondadosa y sin juicios. Me gusta imaginar que los pensamientos son burbujas y que poner esas etiquetas es como tocar la burbuja con una pluma. Eso es muy diferente a atacar esos pensamientos como si fueran palomas de barro que estuviéramos intentando alcanzar con nuestros disparos.

Un alumno me dijo una vez que él llamaba a esa voz que había en su cabeza «el pequeño sargento». El sargento siempre era duro y crítico y no dejaba de gritar órdenes: «¡Haz el favor de ponerte manos a la obra! ¡Y hazlo bien!». En vez de eso debemos cultivar la aceptación incondicional, la forma de sentir el corazón. Cuando nos damos cuenta de que estamos poniendo esas etiquetas a nuestros pensamientos con un tono duro, podemos parar y utilizar una voz más amable.

Hay una forma tradicional de meditación que implica observar muy de cerca el tipo de pensamientos que nos surgen y ponerles etiquetas en consecuencia: pensamiento duro, pensamiento de ocio, pensamiento pasional, pensamiento de furia, etc. Pero como hay un juicio en esa forma de etiquetar los pensamientos, Chögyam Trungpa nos enseñó que en vez de poner etiquetas que caractericen a los pensamientos como virtuosos o no virtuosos es mejor registrarlos simplemente como «pensamientos». Porque eso es lo que son: pensamientos. Ni más ni menos.

Shantideva nos anima encarecidamente a permanecer presentes incluso cuando sintamos una incomodidad extrema. «No hay nada que no traiga luz a través del hábito y la familiaridad. Soportando las cosas menores nos entrenamos para soportar las mayores adversidades»; esas fueron sus palabras.

Pero ¿cómo nos entrenamos exactamente para estar presentes no solo para las «cosas menores» (las incomodidades poco importantes de la vida) sino también para las «mayores adversidades»? El maestro del budismo tibetano Dzongsar Khyentse llama a las cosas irritantes de la vida diaria «el sufrimiento burgués». Abriéndonos totalmente a esas inconveniencias cotidianas (que hayan cerrado nuestro restaurante favorito, que nos veamos atrapados en el tráfico, el mal tiempo, las punzadas del hambre) podemos desarrollar la capacidad de permanecer presentes cuando surjan desafíos mayores. La práctica de la meditación nos proporciona una forma de trabajar una y otra vez con los pensamientos y las emociones, con los miedos y las dudas que surgen en la mente por circunstancias externas difíciles. Apoyándonos en la respiración aprendemos a estar presentes con todas nuestras experiencias, incluso las grandes adversidades, y a etiquetar los pensamientos, dejarlos ir y volver al aquí y al ahora.

Algunas personas piensan que eso de etiquetar los pensamientos es engorroso e innecesario, pero la práctica puede ser muy profunda. Etiquetar sin emitir juicios nos ayuda a ver la verdadera naturaleza de los pensamientos como algo efímero, que siempre se disuelve, siempre fugaz, nunca predecible. Cuando hablamos de «pensar», estamos señalando la naturaleza vacía de los pensamientos, la transparencia de los pensamientos y las emociones.

Esta técnica básica de meditación está diseñada para ayudarnos a permanecer abiertos y receptivos, no solo ante nuestros pensamientos y emociones, no solo ante las circunstancias externas y la gente que nos encontramos, sino también ante la incertidumbre en sí misma, ante esa energía subyacente que le resulta tan amenazante a la parte de nosotros que busca la certidumbre. Esta práctica nos permite acercarnos mucho a esa tensa e incómoda energía. Y nos permite familiarizarnos con no tener nada a lo que agarrarnos, con dar un paso hasta el momento siguiente sin saber qué va a pasar. Nos sirve de práctica para dar el salto. También nos da el espacio necesario para darnos cuenta de cómo la mente intenta inmediatamente distraernos utilizando situaciones de escape o venganza o haciendo cualquier otra cosa para proporcionarnos seguridad y comodidad.

Al continuar con la práctica llegamos a experimentar la impermanencia de la vida y la energía cambiante, ya no como algo amenazante, sino como algo refrescante, liberador e inspirador. Es la misma energía, solo que la estamos experimentando de dos formas diferentes. Podemos aceptarla tranquilamente, verla como la verdadera naturaleza de la mente, como nuestra bondad incondicional, o podemos reaccionar en su contra. Cuando hacemos esto último, cuando sentimos que la energía nos asusta, nos incomoda y nos inquieta y nuestro cuerpo quiere alejarse y nuestra mente aferrarse a algo, podemos entrenarnos con la técnica básica de etiquetar pensamientos y dejarlos pasar de largo, y después devolver nuestra atención a la respiración y a estar presentes con el sentimiento. Aunque solo sea durante diez minutos al día podemos sentarnos y practicar estar atentos, despiertos, estar justo ahí. Podemos practicar la calidez y la aceptación, dejar pasar los pensamientos y aceptar el momento que viene justo después con una mente abierta. Esta es la preparación que necesitamos para la práctica de tres pasos, además de para tener una vida de despertar e iluminación.

Sakyong Mipham recomienda que cuando nos sentemos a meditar reflexionemos sobre nuestras intenciones para la sesión. Nuestra intención puede ser reforzar la estabilidad natural de la mente, por eso nos entrenaremos continuamente en volver al cuerpo, al humor que tenemos ahora mismo, a nuestro entorno. O puede ser reconciliarnos con nosotros mismos, ser menos duros y críticos cuando meditemos, así que nos entrenaremos para darnos cuenta de cuál es nuestro tono de voz cuando etiquetamos los pensamientos y en hacerlo más leve, en no ser demasiado férreos ni pretender conseguir ningún beneficio. Nuestra intención puede ser permitir que todo sea como es y no respirar con tensión, no aferrarnos a nuestros pensamientos como si fueran nuestros únicos salvavidas, no creer nuestras historias. Podemos pretender reconocer los pensamientos cuando surjan e intentar no hacerles caso. Nuestra intención puede ser entrenarnos en todo eso o en algo completamente diferente, algo que sea especialmente importante para nosotros.

Cada día tenemos que encontrar un tiempo para la meditación. Puede ser solo entre cinco y diez minutos o tanto como podamos mantenerla.

Primero, reflexiona sobre tu intención para esta sesión de meditación. Después comprueba los seis puntos para una buena postura para asentar bien tu cuerpo. Si quieres puedes contar respiraciones, de 1 a 10 o de 1 a 20, para tranquilizar la mente. Después deja de contar y simplemente trae tu atención sin tensiones a la respiración. Mientras continúas meditando, mantén la consciencia de la respiración al entrar y salir o solo al exhalar. Cuando la mente divague, ponle una etiqueta a los pensamientos sin forzarte llamándolos «pensamientos» y, con alegría y sin juicios, devuelve la atención a la respiración.

Con el tiempo, cuando la mente pensante comience a calmarse, empezaremos a ver nuestros patrones y nuestros hábitos con mucha más claridad. Eso puede resultar doloroso.

No puedo hacer bastante hincapié en la importancia de aceptarnos a nosotros mismos exactamente como somos ahora, no como querríamos ser o como creemos que deberíamos ser. Al cultivar una apertura exenta de juicios hacia nosotros mismos y hacia lo que sea que surja, para nuestra sorpresa y alegría nos daremos cuenta de que aceptamos genuinamente la inasible cualidad de la vida y la experimentamos como una amiga, una maestra, un apoyo, y nunca más como una enemiga.

5
Permanecer en el medio

────────── ❀ ──────────

U NA MALA PALABRA o un comentario mezquino, una expresión desdeñosa y desaprobatoria, un lenguaje corporal agresivo…, todas estas son formas de causar daño. El primer compromiso nos permite frenarnos lo suficiente para ser muy conscientes de cómo nos sentimos cuando nos ponen al límite, de la necesidad de golpear o retirarse, de convertirse en un matón o de quedarse petrificado por el miedo. Nos hacemos muy conscientes del sentimiento de avidez, de la sensación de aversión, de la necesidad de querer hablar o montar un numerito.

No actuar según nuestros patrones habituales es solo el primer paso para no hacerles daño a los demás ni a nosotros mismos. El proceso transformador empieza a un nivel más profundo, cuando contactamos con la incomodidad que nos queda siempre que nos abstenemos de caer en esas conductas. Como una forma para trabajar con esas tendencias agresivas, Dzigar Kongtrül nos enseña la práctica no violenta de «dejar que las cosas se hagan a fuego lento». Él aconseja que, en vez de «dejar que nos hierva la sangre por la agresividad como un trozo de carne echado a una olla para hacer sopa», es mejor que nos enfrentemos a ella como si la estuviéramos cocinando a fuego lento. Que nos permitamos esperar, sentarnos pacientemente con esa necesidad de actuar o hablar de la forma habitual y que sintamos toda la fuerza de esa necesidad sin apartarnos ni ceder ante ella. Sin reprimirla ni rechazarla, debemos quedarnos en el punto medio entre los dos extremos, en el medio entre el sí y el no, lo adecuado y lo equivocado, lo verdadero y lo falso. Se trata de un viaje hacia el desarrollo de una tolerancia bondadosa y valiente de nuestro dolor. Dejar que las cosas se hagan a fuego lento es una forma de ir ganando una fuerza interior que nos ayuda a desarrollar confianza en nosotros mismos; una confianza en que podemos experimentar la tensión, la falta de apoyos consistentes, la incertidumbre de la vida y trabajar con nuestra mente para no actuar de formas que son perjudiciales para nosotros y para otros.

Antes de adquirir el primer compromiso necesitamos preguntarnos si estamos listos para hacer algo diferente. ¿Estamos hartos de recurrir siempre a nuestros antiguos patrones repetitivos? ¿Queremos dejar que surja un espacio para nuevas posibilidades? El hábito de escapar es siempre muy fuerte, pero ¿estamos listos para reconocer cuándo nos vemos atrapados por él? ¿Estamos dispuestos a descubrir cuáles son los desencadenantes y no responder como es habitual? ¿Estamos preparados para abrirnos a la incertidumbre (o al menos para intentarlo sinceramente)? Si contestas sí a cualquiera de estas preguntas, entonces estás listo para hacer este voto.

Con el compromiso de no causar daño nos vamos alejando de reaccionar de formas que nos causan sufrimiento, pero todavía no hemos llegado a un lugar en el que nos sintamos totalmente relajados y libres. Primero debemos pasar por un proceso de crecimiento, de irnos acostumbrando. Ese proceso, esa transición, consiste en estar cómodos exactamente con lo que estamos sintiendo y cómo lo estamos sintiendo. La práctica clave que nos dará apoyo en esto es la meditación de la atención consciente (*mindfulness*): el estar totalmente presentes aquí y ahora. La meditación regular es una forma de atención consciente, pero este tipo concreto recibe también otros nombres: *atención plena, meditación del ahora* y *presencia total* son solo algunos de ellos. Esencialmente la atención consciente significa el despertar, un despertar total y presente. Chögyam Trungpa lo llamaba prestar atención a todos los detalles de la vida.

Los detalles específicos de nuestra vida serán diferentes, claro está, pero para todos nosotros el despertar lo implica todo, desde cómo hacemos la cena a cómo hablamos con los demás, cómo cuidamos nuestra ropa, nuestros suelos o cómo colocamos los tenedores y las cucharas. Igual que con los demás aspectos de este compromiso, o estamos presentes cuando nos ponemos el jersey, nos atamos los zapatos o nos lavamos los dientes, o no estamos presentes. Estamos despiertos o dormidos, conscientes o distraídos. El contraste es bastante claro. Chögyam Trungpa hacía hincapié en la atención consciente y en prestársela a todos los detalles de nuestras vidas como forma de desarrollar un aprecio por nosotros mismos y por nuestro mundo, como forma de liberarnos del sufrimiento.

Se desarrolla la fuerza interior a través de la aceptación de la totalidad de la experiencia, tanto de las partes agradables como de las difíciles. Aceptar la totalidad de nuestra experiencia es una definición de ser buenos con nosotros mismos. Y ser bueno contigo mismo no significa asegurarte de que te sientes bien todo el tiempo, es decir, intentar orientar tu vida de forma que estés cómodo en todo momento. Realmente significa llevar una vida en la que tengas tiempo para la meditación y la autorreflexión, para una sinceridad contigo mismo bondadosa y compasiva. De esa forma estarás mejor preparado para ver cuándo estás a punto de morder el anzuelo, cuándo te ves atrapado por la resaca de las emociones, cuándo te estás aferrando y cuándo estás permitiendo que todo fluya. Esta es la forma de reconciliarte contigo mismo tal y como eres, tanto en tus momentos perezosos como en tus momentos valientes. No hay ningún paso más importante que este.

Pero es bastante complicado no rechazar ninguna parte de ti mismo a la vez que te vas haciendo muy consciente de lo vergonzosas y dolorosas que son algunas partes. Lo que hacemos la mayoría de nosotros es dirigir nuestra vida para evitar los sentimientos desagradables a la vez que nos aferramos a lo que creemos que nos hará sentir seguros y bien. Desde un punto de vista convencional esto puede tener mucho sentido, pero desde la posición ventajosa de la permanencia con la experiencia directa, de la apertura a la provisionalidad de la vida, esa estrategia nos hunde, es justo lo que nos mantiene atrapados.

Hay un ejercicio que puede ayudarnos a reflexionar sobre esa tendencia refleja a aferrarnos a lo que nos hace sentir bien y apartar lo que nos hace sentir mal:

Siéntate en silencio durante unos minutos y sé consciente de tu respiración al inhalar y exhalar. Después reflexiona sobre lo que haces cuando no estás feliz ni satisfecho y quieres sentirte mejor. Haz incluso una lista si quieres. Después pregúntate: ¿funciona? ¿Ha funcionado alguna vez? ¿Calma el dolor? ¿O hace que aumente? Si eres realmente sincero, de este ejercicio sacarás unas conclusiones muy interesantes.

Una de las conclusiones que sacan muchas personas cuando hacen este ejercicio es que sí, que esos esfuerzos que hacen para sentirse bien funcionan..., pero no por mucho tiempo. Y la razón de que dejen de funcionar es que nuestras estrategias contienen una contradicción inherente. Intentamos aferrarnos a placeres efímeros y evitar la incomodidad en un mundo en el que todo está cambiando siempre. No podemos confiar en nuestras estrategias. La forma en que vamos por el mundo intentando sentirnos seguros y felices está en contradicción con los hechos de la vida.

Hay una enseñanza budista denominada «las ocho preocupaciones mundanas» que describe esta situación. Señala las principales inquietudes de la vida: lo que nos impulsa, lo que esperamos y lo que tememos. Y nos muestra cómo intentamos siempre evitar la incertidumbre inherente a nuestra condición, cómo intentamos continuamente poner tierra firme bajo nuestros pies. Las ocho preocupaciones mundanas se presentan en cuatro pares de opuestos: el placer y el dolor, la ganancia y la pérdida, la fama y el oprobio, la alabanza y la culpa.

El placer y el dolor son elementos que nos impulsan todo el tiempo. La ecuación es simple: queremos placer y no queremos dolor. Nuestra vinculación con ambos es muy fuerte, muy visceral en los dos extremos. Podemos notar esa sensación de encogimiento de las entrañas al vernos atrapados por ambos cuando estamos ávidos de conseguir algo, cuando nos consume el deseo o la necesidad, y cuando sentimos aversión por algo y queremos apartarnos de ello.

Podemos pasar la vida entera tras el placer e intentando alejarnos del dolor sin estar nunca presentes con el sentimiento subyacente de descontento. Pero en algún punto puede que lleguemos a la conclusión de que, en lo que respecta a la liberación, tiene que haber algo más que evitar la incomodidad, y en cuanto a la felicidad duradera, algo más que perseguir placeres temporales, alivios fugaces.

Nuestra vinculación con la ganancia y la pérdida también nos encierra en un laberinto sin salida. Por eso dirigimos la luz de la atención consciente de nuestro *shenpa* hacia lo que tenemos o queremos y también y con igual fuerza hacia lo que no tenemos o podemos perder. Por ejemplo, el dinero que tenemos y el que no tenemos preocupa tanto a los ricos como a los pobres (y a todos los que están entre ambos) en todos los países del mundo.

Hace poco conocí a una mujer que había heredado inesperadamente quinientos mil dólares. Estaba comprensiblemente exultante. Los invirtió y los vio crecer alegremente hasta que la bolsa se hundió y lo perdió todo tan repentinamente como lo había ganado. Tras dos meses de profunda depresión (me dijo que había estado prácticamente catatónica, sin poder comer ni dormir), tuvo una revelación. Pensó que desde el punto de vista financiero ella había estado siempre razonablemente cómoda. Estaba bien antes de la inesperada lluvia de dinero y seguía igual de bien ahora que había perdido esa fortuna recientemente adquirida. Y era el bienestar fundamental, que no se había visto afectado por la ganancia ni por la pérdida, lo que más le alegraba transmitir.

La pérdida y la ganancia también pueden relacionarse con las posesiones que tenemos o que no tenemos y el impulso de adquirir cosas (terapia de compras lo llaman algunos), o también la posición en la vida que tenemos o no tenemos. La competencia (normalmente a muerte) es algo dolorosamente visible en nuestra sociedad actual. La vemos en la política, los deportes, los negocios o incluso en las amistades. También podemos ver sus dolorosas consecuencias.

En Gampo Abbey actuamos con un enfoque diferente. Cada primero de julio (el día nacional de Canadá) organizamos un partido de béisbol con los bomberos de Pleasant Bay. Nos entrenamos durante meses y todo el mundo juega con todas sus ganas (los bomberos con las cervezas en la mano y nosotros vestidos con los hábitos); pero a ninguno de los dos equipos le importa realmente quién gane o pierda. Simplemente lo pasamos muy bien, sin el sufrimiento que resulta inevitable cuando nos vemos enzarzados con la pérdida y la ganancia.

Sin duda, la fama y el oprobio son un par de opuestos que nos tienen atrapados. No hay mucha gente que se encuentre en una posición que le permita hacerse famoso, pero este par de opuestos puede traducirse en querer tener una buena reputación (querer que la gente piense bien de nosotros) y no querer una mala reputación. Para la mayoría de nosotros este deseo está muy arraigado. Para algunos, todo lo que hacemos y decimos sirve para asegurarnos que los demás piensen bien de nosotros, que nos admiren y que no nos desprecien.

Shantideva dice que la reputación es tan poco sólida como un castillo de arena hecho por un niño. La construimos, la decoramos bellamente, nos enorgullecemos de ella, pero en cuanto cambia la marea todo se ve arrastrado. Es como la buena reputación de los políticos o de los gurús espirituales, que se pierde de la noche a la mañana por algún escándalo sexual.

E incluso aunque logremos la fama, ¿esa fama nos trae la felicidad que cree la gente que acarrea? Ten en cuenta lo habitual que es tener fama y riquezas pero a la vez ser desgraciado, como por ejemplo los casos de Michael Jackson, Marilyn Monroe o Elvis. ¿Y si, por el contrario, nos entrenamos para quedarnos en el punto medio sin intentar conseguir nada, en ese indefinido espacio abierto entre buscar lo que nos resulta cómodo y evitar lo que no?

Finalmente hablemos de nuestra vinculación con las alabanzas y las culpas. Nos gusta que nos alaben y no queremos que nos critiquen. Algunas personas parecen florecer cuando les reconocen el trabajo bien hecho, pero se ven destrozadas cuando les hacen críticas, aunque sean constructivas. Los niños, los adolescentes e incluso los adultos más maduros pueden ver elevados sus espíritus por los cumplidos y sentirse menospreciados por las críticas. Es fácil que nos veamos arrastrados de acá para allá por las alabanzas y las culpas.

Esto lleva sucediendo desde hace muchos años. Critican a los callados. También a los que hablan mucho. Y critican asimismo a los moderados. No hay nadie en el mundo que pueda escapar a las críticas. No hay, nunca ha habido ni habrá algo que haya recibido todas las críticas ni algo que haya aprobado todo el mundo.

El Buda Shakyamuni dijo esto hace más de dos mil quinientos años y aún hoy sigue vigente. Parece que algunas cosas no cambian nunca.

De una forma u otra todos estamos atrapados por nuestra vinculación con esas ocho preocupaciones mundanas. Dzigar Kongtrül dijo una vez que es como si tuviéramos una personalidad disociada: podemos pensar que estamos comprometidos con un camino espiritual, pero tristemente estamos igualmente comprometidos con las ocho preocupaciones mundanas, con aceptar lo que nos resulta cómodo y rechazar lo que no. Eso no nos lleva a ninguna parte. Sin esa personalidad disociada, sin embargo, nuestro compromiso con el despertar se convierte en un compromiso sin reservas. Para eso tenemos que dejar de vernos cegados por las ocho preocupaciones mundanas y permanecer presentes con el desasosiego subyacente.

Cuando decidimos trabajar con el compromiso de no causar daño, tenemos que investigar hasta qué punto nos vemos seducidos por las ocho preocupaciones mundanas. ¿Estamos dispuestos a llegar a donde haga falta para liberarnos de la tiranía del placer y el dolor, de lo que piensa la gente, de si ganamos o perdemos, de si tenemos una buena o una mala reputación? No importa hasta dónde lleguemos en el camino de la liberación antes de morir. Lo que importa es que hemos hecho el viaje.

Después de que le diagnosticaran el cáncer, el genio visionario Steve Jobs dijo esto sobre la liberación de las ocho preocupaciones mundanas:

> Recordar que moriré pronto es la herramienta más importante que he tenido para ayudarme a tomar las grandes decisiones de mi vida. Porque casi todo (todas las expectativas externas, todo el orgullo, todo el miedo a la vergüenza o al fracaso) simplemente desaparece ante la cara de la muerte y solo te queda lo que es verdaderamente importante. Recordar que vas a morir es la mejor forma de evitar la trampa de pensar que tienes algo que perder. Ya estás desnudo. No hay razón para no seguir lo que te dicta tu corazón.

El primer compromiso es un voto para conocer los desencadenantes, un voto por el que vas a reconocer con compasión cuándo te ves atrapado por las ocho preocupaciones mundanas o por cualquier otra cosa, te cueste lo que te cueste. Si analizas lo que te afecta, sin duda darás con algo que tenga que ver con lo que quieres y lo que no quieres. Cuando te das cuenta de que estás atrapado, en ese preciso momento, en ese preciso lugar, con una gran amabilidad, puedes reconocer que estás atrapado por algo. Y entonces puedes preguntarte: ¿cuál de las ocho preocupaciones mundanas me tiene atrapado en sus garras? ¿El miedo a la pérdida? ¿La esperanza de una ganancia? ¿El dolor por que me culpen? ¿El deseo de alabanzas? ¿Y quién tiene el control en esta situación: yo o una de las ocho preocupaciones mundanas?

Pero ni siquiera podremos reconocer lo que ocurre si estamos atrapados por nuestros pensamientos, por la preocupación, la planificación o la fantasía. Por eso seguimos entrenándonos en la meditación, dándonos cuenta de cuándo nos perdemos en los pensamientos y después volviendo al momento presente.

Hace unos años tuve la experiencia de sentirme liberada de la tiranía de las ocho preocupaciones mundanas. En aquel momento estaba viviendo en un centro de retiro con otras nueve personas y cada tarde nos reuníamos para trabajar unas horas. Y ese resultaba un momento muy difícil para mí porque prácticamente no había nada que pudiera hacer. No podía cargar agua porque tenía un problema en la espalda. No podía barnizar el suelo debido a mi extrema sensibilidad ambiental. Era prácticamente inútil en esos momentos y le resultaba muy irritante al encargado del grupo de trabajo. Me sentía vieja, frágil, incompetente y rechazada. Estaba muy triste.

Eso me llevó a una contemplación profunda: si no era la maestra espiritual formada y respetada que estaba acostumbrada a ser, ¿quién era entonces? Sin esas confirmaciones externas, sin las etiquetas, ¿quién era yo? Hablé con Dzigar Kongtrül sobre esa inquietud y él me preguntó: «¿Y eso no es un gran alivio?». Y yo le respondí con total sinceridad: «Todavía no».

Después nos invitaron a unos cuantos a asistir a unas charlas sobre espiritualidad en la ciudad. En cuanto llegamos todo el mundo empezó a tratarme como a una persona especial. Tenía un asiento alto especial, un vaso de agua especial, un lugar especial en la primera fila.

Ver la tremenda diferencia en cuanto a cómo me percibían los demás en esas situaciones hizo que se rompiera bruscamente un profundo lazo que tenía con la fama y el oprobio, la pérdida y la ganancia, la esperanza y el miedo sobre mi identidad. Arriba, en la montaña, en el centro de retiro, no era nadie. A los pies de la montaña en la sala de conferencias era una invitada especial que merecía respeto. Pero eso no eran más que etiquetas cambiantes y ambiguas. En esencia nadie podía encuadrarme o etiquetarme de forma definitiva. En ese momento realmente sentí el alivio del que había hablado con Dzigar Kontrül.

En el fondo, las ocho preocupaciones mundanas no son más que un trasnochado mecanismo de supervivencia. En ese sentido seguimos funcionando a un nivel muy primitivo, totalmente a merced de la esperanza y el miedo. El mecanismo de rehuir el dolor y buscar el placer evita que nos coman las fieras y que nos helemos hasta morir en invierno, y nos mantiene todo el tiempo imaginando cómo podemos conseguir comida y ropa para vestirnos. Eso les funcionó bien a nuestros ancestros, pero ahora mismo no nos está ayudando mucho a nosotros. De hecho, hace que reaccionemos exageradamente cuando no se trata de ninguna cuestión de vida o muerte. Nos comportamos como si toda nuestra vida se viera amenazada, cuando realmente todo lo que está en juego no es más que, probablemente, una carga obsoleta. Somos como pelotas de ping-pong que vamos rebotando de un lado a otro de la mesa entre nuestras aversiones y nuestros deseos. Y estamos demasiado atrapados para intentar algo diferente.

En el año 2000 los ancianos de la nación india hopi hicieron una predicción sobre el futuro y ofrecieron consejos sobre cómo vivir en el milenio que acababa de empezar. Los ancianos hopi se consideran los protectores de la Tierra, los responsables de la supervivencia (o no supervivencia) de nuestro planeta. Dijeron que ahora nosotros estamos en un río de aguas que fluyen rápido y que muchos de nosotros tendríamos miedo e intentaríamos agarrarnos a la orilla. Pero aquellos que se aferraran a ella «tendrían un gran sufrimiento». El consejo de los ancianos fue que nos soltáramos de la orilla y nos dejáramos llevar hasta el medio del río, que viéramos quién estaba allí en medio con nosotros y que lo «celebráramos».

Evitar pero no reprimir, contemplar nuestra experiencia personal de vernos atrapados, reconocer los desencadenantes, la práctica no violenta de «dejar hacerse a fuego lento»..., todo esto son formas de alejarnos de la orilla y dirigirnos al medio del río, de permitirnos vivir sin las historias personales, libres de ataduras agobiantes con lo que queremos y lo que no queremos, libres de una estructura mental predeterminada y una vida centrada en nosotros mismos. Si no actuamos según nuestra necesidad de placer o nuestro miedo al dolor, nos quedamos en el medio abierto e impredecible. La instrucción es quedarnos descansando en ese lugar vulnerable y relajarnos en ese estado intermedio, no hundirnos ni permanecer inamovibles en nuestros sistemas de creencias, sino más bien verlo todo con una mirada nueva y una perspectiva más amplia.

La verdad es que siempre estamos en algún tipo de estado intermedio, siempre en proceso. Nunca acabamos de llegar. Cuando estamos presentes con la dinámica de nuestras vidas, también estamos presentes con la impermanencia, la incertidumbre y el cambio. Si podemos permanecer presentes, puede que finalmente lleguemos a la conclusión de que no hay seguridad o certidumbre en los objetos de nuestro placer o de nuestro dolor, ni tampoco en la seguridad o la certidumbre de ganar o perder, en los cumplidos o las críticas, en la buena o la mala reputación..., no hay seguridad ni certidumbre en nada que sea fugaz, que esté sujeto al cambio.

El compromiso de no causar daño es un compromiso muy claro. La única forma de romperlo es hablar o actuar desde una mente confusa. La simplicidad o la claridad de este compromiso nos ayudan a construir unos cimientos inquebrantables para nuestra fuerza interior. Esto se manifiesta a través del coraje de arriesgarse, de no actuar según los mismos patrones de siempre. Y construye la confianza en nuestra habilidad para cultivar la renuncia al nivel más profundo, para ver el *shenpa* cuando surge y darnos cuenta del momento en que nos vemos otra vez atrapados por las ocho preocupaciones mundanas. Refuerza nuestra confianza en nuestra capacidad de vivir sin estrategia alguna, vivir sin las ataduras de la esperanza y el miedo. Cuando la gente adquiere este compromiso, empieza a cambiar. Si te los encuentras después de un año o dos descubres que hay algo en ellos que se ha suavizado. Parecen más en sintonía consigo mismos y con el mundo, más flexibles y más fáciles de tratar.

En algún punto, si tienes suerte, te golpearás con el muro

de la verdad y te preguntarás qué has estado haciendo con tu vida. En ese punto te encontrarás muy motivado para encontrar lo que te puede liberar y ayudarte a ser más amable y más bueno y a estar menos confundido y no verte arrastrado por la *klesha*. En ese punto querrás estar presente; presente cuando cruces una puerta, presente cuando des un paso, cuando te laves las manos o friegues un plato, presente para ver los desencadenantes, presente para hacer las cosas a fuego lento, para ver la marea de tus emociones y pensamientos. Un día tras otro notarás que ahora te das cuenta antes de cuándo llegan esos desencadenantes y que te resulta más fácil evitarlos. Si sigues haciendo esto, se producirá un cambio: te despojarás de los viejos hábitos, de verte arrastrado por el placer y el dolor, de estar atrapado por las ocho preocupaciones mundanas.

El despertar no es un proceso diseñado para protegernos con cosas, sino para dejarlas pasar de largo. Es un proceso de relajarse en ese terreno intermedio (ese medio ambiguo y paradójico, lleno del potencial de las nuevas formas de pensar y de ver) sin tener ninguna garantía de lo que nos va a ocurrir después.

El segundo compromiso

Comprometerse a cuidar los unos de los otros

Hacer el [...] voto de ayudar a otros implica que,
en vez de mantener el territorio propio
y defenderlo con uñas y dientes, nos abrimos
al mundo en el que vivimos. Significa que estamos
dispuestos a adquirir una responsabilidad mayor,
una responsabilidad inmensa.
De hecho, significa correr un gran riesgo.

CHÖGYAM TRUNGPA RINPOCHE

6

Salir de nuestra zona de confort

❋

L A COMPASIÓN ES ALGO QUE AMENAZA AL EGO. Podemos imaginarla como un sentimiento cálido y calmante, pero realmente se trata de algo duro de llevar. Cuando nos decidimos a apoyar a los demás, cuando llegamos tan lejos como para ponernos en su piel, cuando aspiramos a no dejar nunca en la estacada a nadie, pronto nos encontramos en el incómodo territorio de «la vida no es como yo pensaba». El segundo compromiso, conocido tradicionalmente como el voto *bodhisattva* o voto del guerrero, nos reta a lanzarnos de cabeza a aguas nada apetecibles y salir nadando de la zona en la que nos sentimos cómodos.

Nuestra disposición a adquirir el primer compromiso es el paso inicial hacia el objetivo de sentirnos totalmente tranquilos con la incertidumbre y el cambio. El compromiso implica evitar hablar o actuar de forma perjudicial para nosotros y para otras personas y reconciliarnos con los sentimientos subyacentes que motivaron ese daño en primer lugar. El segundo compromiso se apoya sobre esos cimientos: nos comprometemos a hacer algo conscientemente para aliviar el dolor del mundo. Es, en esencia, un voto de cuidar unos de otros, incluso aunque eso implique hacer cosas con las que no nos sentimos del todo bien.

El segundo compromiso está profunda e inquebrantablemente conectado con el *bodhicitta*, que se define tradicionalmente como una necesidad imperiosa de despertar para poder ayudar a otros a hacer lo mismo, una fuerte necesidad de ir más allá de los límites de la felicidad convencional, más allá de la esclavitud que suponen el éxito y el fracaso, las alabanzas y la culpa. El *bodhicitta* también es una confianza en nuestra capacidad innata de estar por encima de cualquier parcialidad, más allá de los prejuicios y las opiniones preconcebidas, y supone abrir nuestros corazones a todo el mundo: a aquellos que nos caen bien, a los que no, incluso a aquellos en los que ni nos fijamos y a los que nunca hemos conocido. El *bodhicitta* contrarresta nuestra tendencia a permanecer atrapados dentro de nuestro pensamiento demasiado estrecho, nuestra resistencia al cambio.

Este grado de apertura surge de la confianza de que todos tenemos una bondad básica y que podemos interactuar los unos con los otros de formas que la sacan a la luz. En vez de reaccionar agresivamente cuando nos provoquen, perpetuando infinitamente el ciclo del dolor, debemos confiar en que podemos relacionarnos con los demás desde un punto de curiosidad y cariño, de forma que podamos contactar con su bondad y sabiduría innatas.

Una amiga que trabaja en unos grandes almacenes decidió hace unos años que iba a poner a prueba su creencia de que todo el mundo es básicamente bueno. Quería ver si podía encontrar a alguien que le pareciera que no cumplía con esa premisa. Todos los días se encontraba con gente amable, sin duda; pero también con gente maleducada, arrogante, manipuladora y con personas claramente mezquinas. En cada caso ella probaba a encontrar formas de colarse bajo sus fachadas, rodear sus defensas y entrar en contacto con su parte buena, con su sentido del humor, con su amabilidad. La última vez que hablamos todavía no había encontrado a nadie que creyera que no tenía esa bondad básica (y llevaba trabajando en esa tienda quince años).

Con el primer compromiso empezamos a construir la confianza en nuestra capacidad para aceptar la energía indómita, llena de tensión e impredecible de la vida. Con el segundo compromiso damos un paso más para considerar la falta de apoyos consistentes como fuente de despertar en vez de origen de miedo, como camino hacia la valentía en vez de como amenaza para nuestra supervivencia. Si no nos estamos entrenando ya para relajarnos ante el desasosiego fundamental, adquirir el segundo compromiso puede ser aterrador porque ahora estamos profundizando en el territorio indefinido y variable que se denomina actuar en beneficio de otros.

Comprometerse a actuar en beneficio de los demás se denomina tradicionalmente «el camino del *bodhisattva*», el camino del héroe y la heroína, el camino del guerrero espiritual, cuyas armas son la gentileza, la claridad de la mente y un corazón abierto. La palabra tibetana para guerrero, *pawo* para un guerrero masculino y *pawmo* para una femenina, significa «el que cultiva la valentía». Como guerreros en formación

97

nosotros cultivamos el coraje y la flexibilidad para vivir con la incertidumbre y el temible y delicado sentimiento de la ansiedad por no tener nada a lo que aferrarnos, y para dedicar nuestras vidas a ponernos a disposición de cualquier persona en cualquier situación.

El compromiso de cuidar unos de otros se suele describir como un voto para invitar a todos los seres sensibles a ser nuestros huéspedes. La perspectiva puede resultar sobrecogedora. Significa que todo el mundo vendría a nuestra casa. Significa abrirle la puerta a todo el mundo, no solo a la gente que nos gusta, a la que huele bien o la que consideramos «adecuada», sino también a los violentos, a los confundidos..., a gente de todas las formas, tamaños y colores, a personas que hablan diferentes lenguas y a personas con muy distintos puntos de vista. Asumir el segundo compromiso significa albergar a un grupo heterogéneo dentro de nuestro propio salón, todos y cada uno de los días, hasta el final de los tiempos.

Inicialmente la mayoría de nosotros no estamos nada preparados para comprometernos con todo eso, para lanzarnos de un salto y sin reservas a un terreno tan inestable. Pero si sentimos la necesidad de aliviar el sufrimiento, ¿qué podemos hacer? Podemos invitar a todo el mundo y abrirles la puerta a todos, pero abrirla solo un poco al principio, lo que podamos en ese momento, y darnos permiso para cerrarla cuando nos sintamos incómodos. Pero nuestra aspiración es volver a abrir la puerta de nuevo y mantenerla abierta unos segundos más que la vez anterior.

Si practicamos así, los resultados pueden resultar sorprendentes. Al abrir la puerta gradualmente, no intentar abrirla de par en par de golpe, nos vamos acostumbrando al sentimiento de temor que experimentamos cuando empieza a llegar a la fiesta la gente que no sabemos manejar del todo. En vez de pensar: «Tengo que abrir la puerta del todo o no lo estaré haciendo bien», empezamos con la poderosa intención de no dejar de abrir esa puerta y, poco a poco, vamos conectando con una acumulación de fuerza interior y coraje que teníamos sin saberlo.

Abrir la puerta refleja nuestra intención de quitarnos la armadura, arrancarnos la máscara y enfrentarnos a nuestros miedos. Solo podemos ayudar a otros hasta el punto que estemos dispuestos a enfrentarnos a nuestros propios miedos. Así que adquirimos el compromiso de que, durante el resto de nuestras vidas, nos vamos a entrenar para liberarnos de la tiranía de nuestra propia reactividad, nuestros propios mecanismos de supervivencia, nuestras propensiones a vernos atrapados.

No es que no vayamos a experimentar esos sentimientos de nuevo. El desasosiego fundamental seguirá surgiendo una y otra vez, pero cuando surja no vamos a reaccionar exageradamente ante él, no vamos a dejar que gobierne nuestras vidas. Una vez le pregunté a Dzigar Kongtrül acerca de esto y él me respondió: «Sí, yo sigo teniendo esos sentimientos, pero no me veo atrapado por ellos». Por lo que parece, él ya no teme al miedo.

Esos sentimientos tan difíciles pueden incluso inspirarnos para actuar. Cuando un entrevistador le preguntó al Dalai Lama si se arrepentía de algo, él respondió que sí, que se arrepentía: se sentía responsable de la muerte de un monje mayor que había ido en su busca para pedirle consejo. Cuando el entrevistador le preguntó cómo se relacionaba con ese sentimiento de arrepentimiento, cómo había conseguido librarse de él, el Dalai Lama respondió: «No me he librado de él. Todavía está ahí». Pero ya no le pesa lo suficiente para hundirle. Le ha motivado para seguir trabajando, para seguir ayudando a las personas de todas las formas que puede.

El compromiso de cuidar unos de otros es un voto para que nos despertemos y así podamos ayudar a otros seres a despertar, para que podamos aliviar el sufrimiento del mundo. Un voto para continuar en este viaje todo lo que haga falta, aunque sea para siempre. Shantideva captura la esencia de este compromiso en una estrofa que se dice que es una de las favoritas del Dalai Lama:

> Y ahora, todo el tiempo que dure el espacio,
> Todo el tiempo que haya seres sobre la tierra,
> Yo continuaré igual que hasta ahora
> Intentando alejar las penas del mundo.

Dado el amplio espectro que abarca el segundo compromiso, mantenerlo es algo parecido a una misión imposible. Una forma de romperlo es cerrando nuestro corazón o nuestra mente a alguien aunque solo sea durante unos segundos. Nunca he conocido a nadie que pueda evitarlo del todo, pero seguimos esforzándonos por acercarnos al objetivo de mantener la puerta abierta para todo el mundo. Otra forma de romper el voto es mediante la autodenigración: creer que nuestros fallos son intrínsecos e imposibles de eliminar, lo que nos envía a nosotros mismos el mensaje de «no tengo remedio; nunca lo voy a conseguir». También rompemos el voto cuando denigramos a otros, criticando su cultura, sus costumbres, sus tradiciones o sus creencias. La parcialidad o la intolerancia de cualquier tipo rompen el voto.

Se ve muy claro cuándo rompemos el primer compromiso: cuando causamos daño con nuestras palabras o acciones. Si, por ejemplo, matamos, mentimos o robamos, no hay duda de que hemos roto el voto. Pero cuando se trata del compromiso de cuidar los unos de los otros, el momento en que se rompe el voto no está tan claro. Hay una historia del budismo tradicional que ilustra esta idea. Había un capitán de navío conocido como Capitán Coraje que gobernaba un barco que llevaba quinientos hombres. De repente, lo abordó un barco pirata y el capitán pirata amenazó con matarlos a todos. El Capitán Coraje se dio cuenta de que si el pirata llevaba a cabo su plan, no solo mataría a todos los pasajeros, sino que sembraría las semillas de un intenso sufrimiento para sí mismo. Así que, por compasión hacia el pirata a la vez que por el bien de los quinientos hombres, el capitán mató al pirata. Mató a uno para salvar a muchos. El Capitán Coraje estuvo dispuesto a asumir las consecuencias de sus acciones, fueran las que fueran, para evitar el sufrimiento de otros. Es por eso que el segundo compromiso requiere de valentía, la valentía de hacer lo que sea que creemos que traerá el mayor beneficio, de enfrentarse al hecho de que nunca sabemos con seguridad lo que realmente resultará beneficioso y lo que, de hecho, podría empeorar las cosas.

Pocos de nosotros nos veremos en la vida ante una situación como la del Capitán Coraje, desde luego, pero seguro que podemos encontrarnos habitualmente en situaciones en las que intentamos racionalizar nuestra conducta cuestionable con algún tipo de justificación perfectamente plausible. Es muy sorprendente descubrir los niveles de autoengaño a los que podemos llegar. Pero en esos casos es en los que los compromisos nos pueden servir de apoyo. Nos ayudan a reconocer nuestro estado mental y a evitar que sigamos cayendo en picado.

No hay forma de superar definitivamente un compromiso y después pasar al siguiente. El compromiso de no causar daño permanece como base para el compromiso de cuidar unos de otros. El entrenamiento para no hablar o actuar de una forma que produzca más sufrimiento y el de reconocer los desencadenantes y permanecer presentes con la incomodidad son esenciales si queremos ir más allá. El compromiso de no causar daño nos ayuda a no permitir el autoengaño y a desarrollar una amistad con nosotros mismos, una amistad que se va profundizando cuando nos miramos atentamente y dejamos a un lado los hábitos que nos provocan un sufrimiento continuo. El compromiso del guerrero descansa sobre la base de la honestidad con uno mismo. Cuando llegamos al límite, cuando la vida desencadena nuestras respuestas habituales, nos entrenamos para cazarlas y saber que si hablamos o actuamos por *shenpa* no podremos responder apropiadamente y apoyar a otros.

Afortunadamente, cuando rompemos el compromiso de cuidar los unos de los otros podemos solucionarlo con facilidad. Empezamos reconociendo que lo hemos roto, que hemos endurecido nuestro corazón y cerrado nuestra mente dejando fuera a alguien. Y entonces volvemos a hacer nuestro voto. En el momento (o como práctica diaria) podemos reafirmar nuestra intención de mantener la puerta abierta a todos los seres sensibles durante el resto de nuestra vida. Esa es la formación del guerrero espiritual: cultivar el coraje y la empatía, cultivar el amor. Sería imposible contar el número de seres en el mundo que están sufriendo, pero aspiramos a no fallarles a ninguno de ellos y a hacer lo que esté en nuestra mano para aliviar el dolor.

No hace falta decir que seguramente no conseguiremos hacerlo perfectamente. Una vez tuve la experiencia de estar sentada en silencio en mi cama leyendo a Shantideva y llorando porque me sentía muy conmovida por la idea de ser tan compasiva y estar tan preocupada por los demás. Entonces alguien entró de golpe en la habitación y yo le eché la bronca por interrumpirme.

Experiencias como esa te hacen sentir una humildad definitiva. Pueden provocarnos que perdamos el norte y caigamos en la autocrítica o inspirarnos para renovar nuestra intención de estar ahí para los demás, sin importar lo que ellos nos provoquen. Justo entonces, cuando cometemos errores, es cuando podemos hacer esta práctica de tres pasos. Podemos utilizarla para atrapar esa chispa de irritación, impaciencia o decepción antes de que prenda y se convierta en las llamas de la furia. Esta práctica nos permite ver lo que está pasando a nuestro alrededor a la vez que somos conscientes de lo que ocurre dentro de nosotros. Los pasos son los siguientes:

Primero, vuelve al presente. Conecta con lo que te está ocurriendo en este mismo momento. Sé totalmente consciente de tu cuerpo y de su energía. Sé consciente de tus pensamientos y emociones.

Después siente el corazón (ponte la mano sobre el pecho si eso te ayuda). Es una forma de aceptarte justo como eres en este momento, una forma de decir: «Esta es mi experiencia ahora mismo y está bien».

Después lánzate al siguiente momento sin ideas predefinidas.

Esta práctica puede abrirnos a otros en momentos en los que tendemos a cerrarnos. Nos proporciona una forma de despertar en vez de dormirnos, una forma de mirar hacia fuera en vez de hacia adentro. Por ejemplo, a menudo entramos en una reunión tan preocupados por lo que vamos a decir que desconectamos de las otras personas que están allí, no oímos lo que dicen ni atendemos a las señales sobre lo que sienten. Pero si antes de entrar nos centramos haciendo esta práctica de tres pasos, uniendo la mente y el cuerpo y conectándolos con el lugar en donde estamos, podremos entrar en la reunión con una mente abierta y una actitud de curiosidad, de «vamos a ver cómo se desarrolla», en vez de vernos concentrados en lograr un resultado específico. Nos preparamos, conocemos el tema y después damos el salto. Así es como me enseñaron a enseñar. Leo, tomo notas, decido lo que voy a decir. Y después entro en la sala y hablo sin ninguna ayuda.

Hace muchos años uno de los monjes de Gampo Abbey me inició en la práctica de decirme a mí misma nada más levantarme: «Me pregunto qué pasará hoy». Esa es la actitud interior a la hora de dar el salto.

Mientras continuamos haciendo esta práctica, tanto en forma de meditación formal como de momento que surge durante el día, vamos adquiriendo cada vez más habilidad a la hora de notar cuándo estamos activados. Nos traemos al presente «sincronizando cuerpo y mente», como diría Chögyam Trungpa, dejamos a un lado nuestra particular historia y nos abrimos a la persona o a la situación que tenemos delante. Esa es la base para cuidar unos de otros, para acercarnos a otros con amabilidad y compasión. Es la práctica de reivindicar nuestra cualidad de guerreros en vez de vernos arrastrados por nuestros pensamientos y emociones.

Hay que admitir que existe una discrepancia entre la aceptación del segundo compromiso y la realidad de que sin duda existen personas a las que les gustan los problemas. Un jefe, un compañero de trabajo, el cónyuge, un compañero de piso, la madre, el padre, un hijo… ¿Quién es esa persona que de verdad no puedes soportar y desearías que simplemente desapareciera? ¿Quién está en tu lista? Siéntete agradecido hacia esas personas: son tus gurús personales que aparecen justo en el momento preciso para que sigas siendo sincero. Las personas conflictivas de tu vida son las que consiguen que veas que te has cerrado, que has recuperado tu armadura, que has escondido la cabeza en la arena. Si no te enfadaras con ellos, si no te hartaras de sus cosas, nunca podrías cultivar tu paciencia. Si no les envidiaras o estuvieras celoso de ellos nunca se te ocurriría ir más allá de esa mezquindad ni intentar alegrarte de su buena fortuna. Si nunca encuentras algo que te ponga a prueba, puedes pensar que eres mejor que cualquier otra persona y criticar con arrogancia la conducta neurótica de los demás en vez de hacer algo por la tuya.

Cuando asumimos este compromiso empezamos un entrenamiento constante de bondad y compasión. Una forma de hacerlo es preguntarnos continuamente: ¿cómo puedo resultar útil? Podemos convertir eso en una práctica diaria. Pero, una vez tras otra, nos daremos cuenta de que no sabemos a ciencia cierta qué sirve de ayuda y qué hace daño. Pero el guerrero aprende mucho de sus fracasos. Probablemente aprendemos más de nuestros errores que de nuestros éxitos. Tenemos que reconocer que algo no funciona y no tomárnoslo como algo personal (eso es muy importante). En vez de eso debemos seguir la sugerencia de Chögyam Trungpa: «Vivir la vida como un experimento». Adoptar una actitud de «no estoy seguro de lo que ayudaría en esta situación, pero voy a experimentar y a intentar esto». A veces el resultado será: «¡Vaya, esto no ha funcionado en absoluto!», pero si ocurre esto habremos aprendido algo. Y después podremos intentar otra cosa diferente.

En nuestros esfuerzos por mantener este compromiso, de vez en cuando nos ayudará darnos un descanso y recordar la enormidad de todo ello: el marco temporal, que es tan largo que resulta inimaginable, y el número de personas que hemos hecho el voto de ayudar, que es infinito. No solo nos hemos comprometido a beneficiar a las personas que nos dan pena, sino a todos los seres de todas partes, sin excepción; los que vemos en la calle, aquellos sobre los que leemos en los periódicos o nos cuentan los amigos…, cualquiera que entre en nuestra consciencia de cualquier forma es candidato para nuestra bondad y compasión. Es una tarea sin fronteras, sin límites, y estamos comprometidos para siempre en ese entrenamiento constante.

La aspiración del guerrero es no cerrarse nunca, incluso cuando una relación personal se tambalea. Eso no significa que no haya dolor. El final de una relación que hasta la fecha era íntima y cercana siempre nos lanza justo al ojo del huracán de la incertidumbre fundamental. Y eso sin duda duele. Nos encontramos en el límite. Nos vemos atrapados en conductas que creíamos superadas hace años. A veces solo pensar en esa persona hace que nos cerremos. Pero a menudo se trata de una relación aparentemente irresoluble que nos enseña más que ninguna, siempre que queramos ser vulnerables y honestos y que estemos dispuestos a conectar con lo que Chögyam Trungpa llama «el genuino corazón de la tristeza». Como guerreros en formación hacemos todo lo posible por mantener a esa persona en nuestro corazón sin hipocresías. Una cosa que podemos hacer con una relación difícil es colocar una foto de esa persona en alguna parte que veamos a menudo y pensar: «Te deseo el mayor bienestar». O escribir el nombre de la persona con la aspiración de que esté segura, feliz y que viva en paz.

Independientemente de la acción específica que llevemos a cabo, nuestra aspiración es actuar en beneficio de los demás y desearles lo mejor. Esta aspiración se basa en una confianza creciente en nuestra bondad básica y en la de otros, en nuestra disposición a apartar nuestras capas protectoras e intentar ver a la otra persona sin etiquetas ni ideas fijas. Intentamos dejar a un lado nuestra interpretación acerca de cómo esa persona nos ha hecho daño, sobre cuáles son sus culpas. Seguramente nos quedaremos con la crudeza de nuestros sentimientos, con nuestra aversión por la persona y la situación. Pero independientemente de lo que haya pasado, independientemente de quién hizo qué a quién, debemos hacer todo lo que podamos para disolver nuestra negatividad. Eso no significa necesariamente reanudar una relación estrecha con esa persona (la mayor parte de las veces lo que significa es que es mejor permanecer alejados), pero podemos enviar a esa persona nuestro perdón y nuestro cariño. Créeme, eso te hace sentir mucho mejor que envenenarte con la amargura.

La tarea es inconcebible: salvar a todo el mundo en todas partes de las infinitas profundidades del sufrimiento. No solo del hambre, de la falta de ropa o de cobijo, o de ser maltratado, olvidado, torturado o asesinado. También dedicamos nuestras vidas a salvarnos a nosotros mismos y a los demás de las propias causas del sufrimiento: de nuestras tendencias a causar daño y a elevar los niveles de agresión, de nuestra incapacidad para conocer los desencadenantes y ver nuestros prejuicios, de la propensión preexistente a que nos provoquen y a hacer recaer la culpa en otros.

Con el compromiso del guerrero nos vamos convirtiendo gradualmente en un vehículo para conectar a los demás con una mente ilimitada, con su bondad intrínseca, de forma que ellos también puedan empezar a aceptar la falta de apoyos estables inherente al ser humano como fuente de inspiración y de alegría. Nuestro deseo para todos los seres, incluyendo nosotros mismos, es vivir sin miedo ante la incertidumbre y el cambio. La compasión y la amabilidad que hacen falta para eso son ilimitadas, pero podemos empezar con lo que sea que tenemos ahora y comenzar a construir por ahí.

El compromiso del guerrero implica la comprensión de que no hay nada estático en los seres humanos. Normalmente intentamos con todas nuestras fuerzas mantener nuestras ideas fijas sobre las personas: mi hermana egoísta e irrazonable; mi compañero de trabajo alegre y optimista; mi padre miserable y estirado. ¿Y yo? Yo estoy demasiado gordo, soy un fracasado, nunca consigo hacer las cosas bien; soy mucho más listo que los demás o estoy en mejor forma; soy una persona muy capaz y triunfadora; no estoy hecho para ser meditador; soy una mala madre y una esposa peor. De hecho, no estamos en condiciones de etiquetar a nadie. Ni siquiera podemos concluir definitivamente cómo es alguien porque los datos no hacen más que cambiar. Nunca tenemos toda la información.

Este compromiso nos desafía a cuestionar nuestras ideas convencionales, a cuestionar la realidad como normalmente damos por supuesto que es. Cada uno de nosotros vive en una realidad que creemos que es la «real». Así es como es, no dejamos de insistir. Fin de la historia. Pero ¿no es la realidad consensuada que compartimos como seres humanos nada más que una proyección de nuestras percepciones sensoriales humanas? Los animales no tienen la misma percepción que nosotros; por eso ellos no comparten la misma realidad. ¿Entonces cuál es la realidad «real»? ¿Es la nuestra? ¿La de los perros? ¿La de los pájaros? ¿La de las moscas? La respuesta es que no hay una realidad «real». La realidad es dondequiera que nos encontremos nosotros en el momento y no es ni sólida ni determinada como creemos.

Uno de los astronautas que fue enviado a la Luna, más tarde describió cómo había sido su experiencia de mirar a la Tierra desde aquella perspectiva. «La Tierra parecía tan pequeña...», dijo. Tan solo una pequeña esfera colgando en el espacio. Le hizo sentir muy triste el darse cuenta de que hemos dividido el mundo arbitrariamente en países a los que estamos muy fuertemente arraigados, con fronteras que defendemos mediante guerras. Entonces se dio cuenta de que no tiene sentido lo que hacemos. Solo tenemos una Tierra con unas gentes para cuidar de ella, y la forma en que la estamos gestionando es una locura.

El jefe indio Seattle tuvo la misma revelación hace más de cien años:

> Todos somos hijos del Gran Espíritu. Todos pertenecemos a la Madre Tierra. Nuestro planeta está pasando grandes dificultades, y todos moriremos si seguimos cargando con viejas rencillas y no trabajamos juntos.

La forma en que etiquetamos las cosas es la forma en que esas cosas nos parecen a nosotros. Si a un trozo de tierra le ponemos la etiqueta «China» o «Brasil» o «Estados Unidos», se convierte en una entidad con un pesado equipaje emocional. Cuando etiquetamos algo como bueno, lo vemos así. Y si lo etiquetamos como malo, lo vemos como algo malo. Estamos atrapados con las cosas que nos gustan y las que no, con quién tiene razón y quién no…, como si las etiquetas fueran la realidad definitiva. Sin embargo, la experiencia humana es una experiencia en la que no nos podemos quedar atrapados por nada, nada está definido de una vez por todas. La realidad siempre se está haciendo pedazos. En esa situación tan fugaz, la única cosa que tiene sentido para nosotros es tendernos las manos los unos a los otros.

Según nos vayamos moviendo en la dirección de ver más espacio alrededor de nuestras ideas fijas, de nuestro limitado sentido del yo, de nuestras nociones de lo que está bien y lo que está mal, de las etiquetas en las que tanto hemos invertido, la grietas que se abran en nuestra forma convencional de experimentar la vida se harán cada vez más grandes. En ese punto podemos empezar a darnos cuenta de que si queremos cambiar la película de nuestra vida, tendremos que cambiar nuestra mente.

Hay una historia de Ed Brown, el chef zen, que habla de sus primeros días con su maestro, Suzuki Roshi. Ed era el jefe de cocina del Tassajara Zen Mountain Center de California en los años sesenta y se le conocía por su temperamento voluble. Una vez, en un ataque de furia, fue a buscar a su maestro y se quejó del estado de la cocina: la gente no limpiaba bien, hablaba demasiado, estaba distraída y no le hacía caso. Era un caos diario. Suzuki Roshi sencillamente le respondió: «Ed, si quieres una cocina tranquila, tendrás que tranquilizar tu mente».

Si tu mente es ilimitada y expansiva, te darás cuenta de que estás en un mundo más complaciente, un lugar que siempre es interesante y está vivo. Esa cualidad no es inherente al lugar, sino a tu estado mental. El guerrero está deseando comunicar que todos nosotros tenemos acceso a nuestra bondad básica y que la libertad genuina viene de ir más allá de las etiquetas y proyecciones, más allá de las parcialidades y los prejuicios, y de cuidar los unos de los otros.

7

Inspirar dolor, exhalar alivio

❀

E L 11 DE SEPTIEMBRE DE 2001 se abrió la tierra bajo los pies de muchas personas. Cuando dos aviones impactaron contra las Torres Gemelas del World Trade Center, la vida de muchos de nosotros cambió para siempre. Fue una experiencia comunitaria de falta de apoyos estables. La verdad de la incertidumbre y el cambio se volvió muy inmediata para todos aquellos que vivían en Nueva York, en Estados Unidos y en muchas partes del mundo.

En los días que siguieron, en esa atmósfera preponderante de no saber lo que estaba pasando o lo que podíamos hacer, numerosas personas se agruparon en las ciudades y los pueblos de América para realizar la práctica denominada *tonglen*. La instrucción era inspirar lo más profundamente posible el dolor y el miedo de todos los que habían estado en las torres en llamas, de aquellos que habían saltado para encontrar la muerte, de los que estaban en los aviones y de todos los millones de personas traumatizadas por ese suceso. Y también inspirar la ira de los secuestradores y de los que habían planeado el ataque. Y después exhalar, enviándoles alivio a todos ellos.

Algunos enviaban amor y cariño a todos los que estaban sufriendo. Otros enviaban frescura y evasión del calor abrasador de las llamas a aquellos que se habían visto atrapados en las torres y los aviones. Otros enviaban valentía. Otros, la aspiración de que nadie albergara sentimientos de odio y rabia. Al inhalar, todos ellos hicieron la única cosa que podían hacer para apoyar a los que no habían sobrevivido. Al exhalar encontraban una forma de poner en práctica la profunda necesidad de ser de ayuda, significara eso lo que significara. Miles de personas de Nueva York y de otras partes se prestaron voluntarios inmediatamente para ayudar. De hecho se produjo tal marea de voluntarios que tuvieron que rechazar la ayuda de muchos. Pero nadie fue rechazado en las reuniones de *tonglen*, y la gente que no podía ayudar de otra forma se unió a muchos otros cuya intención era aliviar el sufrimiento de aquellos que habían muerto con un dolor inimaginable y de los que habían dejado atrás.

El *tonglen* es una práctica fundamental para los guerreros en formación, la herramienta más efectiva para desarrollar el coraje y elevar nuestra sensación de unión con los demás. Es una práctica para permanecer en el medio del río. Nos da fuerzas para alejarnos de la orilla.

El *tonglen* se enseña de varias formas, pero la esencia es inhalar lo desagradable, lo que no se quiere, y exhalar (enviar al exterior) algo agradable, que se pueda disfrutar y que proporcione alivio. En otras palabras, inhalamos las cosas que normalmente intentamos evitar, como la tristeza o la ira, y enviamos afuera las cosas a las que normalmente nos aferramos, como la felicidad y la buena salud. Inhalamos dolor y exhalamos placer. Inhalamos vergüenza y exhalamos buena reputación. Inhalamos pérdidas y exhalamos ganancias. Es una práctica muy buena para contrarrestar lo que hacemos habitualmente. Nos ayuda a superar el miedo al sufrimiento y a conectar con la compasión que es inherente a todos nosotros.

La palabra «*tonglen*» es el término tibetano para referirse a «enviar y recibir». Alude a nuestra disposición a asumir el dolor de otros que sabemos que están sufriendo y hacerles partícipes de cualquier sentimiento que pueda aliviar ese dolor, cualquier cosa que les permita estar presentes con las penas, las pérdidas y las decepciones de la vida.

Practicar el *tonglen* despierta nuestra empatía natural, nuestra capacidad innata de ponernos en la piel de otros. Cuidar de otras personas cuando están asustadas, tristes, enfadadas o se muestran arrogantes puede ser un reto porque nos vemos enfrentados a nuestro propio dolor y miedo, a los mismos lugares donde nosotros estamos atrapados. Pero si permanecemos con esos sentimientos no deseados, podemos usarlos como puntos de apoyo para comprender el dolor y el miedo de los demás. El *tonglen* nos permite reconocer dónde estamos en el momento y, al mismo tiempo, cultivar un sentimiento de confraternización con los demás. Cuando surgen los sentimientos dolorosos los inhalamos, abriéndonos a nuestro propio sufrimiento y al sufrimiento de todos los demás que están sintiendo lo mismo. Y después enviamos alivio a todos, incluidos nosotros mismos.

Este es el tipo de *tonglen* que me ha resultado siempre más liberador. Utiliza la crudeza inmediata e inquietante de nuestro propio desasosiego como vínculo con los demás. Nos permite comprender de una forma directa y no conceptual que nuestro sufrimiento no es único sino que lo comparten millones o trillones de otros seres, animales y humanos. Descubrimos que tenemos cáncer e inhalamos el miedo, la incredulidad y el dolor de todos los pacientes de cáncer y exhalamos consuelo para todos. Perdemos a alguien que queremos y eso nos conecta con todos los seres que están abrumados por el dolor. Estamos tumbados despiertos por el insomnio y eso nos vincula con el número infinito de personas que no pueden dormir. En ese momento inhalamos nuestra falta de sueño y la de los demás, nuestra ansiedad, nuestra agitación y el mismo desasiego que sienten otros. Y desde ahí mismo enviamos tranquilidad, paz mental y satisfacción (incluso una visualización de todos nosotros durmiendo plácidamente).

El *tonglen* es una práctica para pensar a gran escala, para tocar a todos los seres a partir de nuestras semejanzas. En vez de encerrarnos en nosotros mismos, podemos usar la dureza y la dificultad de la condición humana como forma de elevar nuestra capacidad natural de amar, de cuidar y de comprender nuestra interconexión. Con el *tonglen* nuestros infortunios se convierten en un medio de despertar nuestro corazón, permitiéndonos trabajar sin reservas por los demás y al mismo tiempo llevarnos bien con nosotros mismos.

El *tonglen* no es una práctica que solo se deba hacer sentados en el cojín de meditación. Es especialmente útil en cualquier momento de nuestra vida, estemos donde estemos en un momento cualquiera del día. Tal vez te llegue una carta o un correo electrónico de un amigo que lo está pasando mal, que está deprimido, que sufre por una dura pérdida. En ese mismo momento puedes empezar a inhalar el dolor de tu amigo, conectar con su pena o su desesperación y enviarle alivio (o alegría, o cariño, o paz mental, lo que sea más apropiado).

Cuando estés en la calle quizá veas a alguien maltratando a un perro, pegándole, gritándole o tirándole de la correa. Entonces puedes inhalar el dolor que supones que estará sintiendo el perro y enviarle alivio. Puede ser un deseo para que el perro experimente amabilidad o seguridad o para que alguien le dé un rico hueso. También puedes inhalar lo que seguramente estará sintiendo el que lo maltrata, la rabia y la confusión que está provocando que sea tan cruel. Inhala la rabia y al exhalar envíale cualquier cosa que permita que su corazón se ablande. Puede ser que se sienta querido, que se sienta bien consigo mismo, que tenga más espacio en su mente y más ternura en el corazón.

El *tonglen* es especialmente útil cuando tenemos un conflicto con alguien y sentimos cómo aumentan nuestro propio dolor y confusión. Digamos que entras en una habitación y alguien está diciendo algo que no te gusta o te mira mal. Normalmente te cerrarías, o lo ignorarías, o te obsesionarías con arreglar las cosas o lo que sea que sueles hacer para evadirte cuando no quieres tratar con sentimientos dolorosos. Pero con el *tonglen* puedes trabajar con las emociones justo en ese momento. Tal vez sientas miedo. Puedes abrirte completamente al miedo (a su olor, su textura, la tensión en tu cuerpo) e inhalarlo. Y mientras sigues inhalando el miedo, te puedes abrir para incluir a todo el mundo de todas partes que siente miedo. Incluso puedes ampliar un poco más tus límites e incluir a la persona que ha desencadenado tu miedo, con el deseo de que él o ella se libren del sufrimiento. Después, cuando exhalas, puedes enviar tu deseo de que todos los seres que sienten miedo, incluido tú, logren librarse de él.

Justo en ese lugar, tus sentimientos te pertenecen por completo. En vez de apartar las emociones, estás totalmente en contacto con ellas. Y eso no es lo mismo que estar absorto en ti mismo, atrapado por tu propia angustia. Nada más lejos. El *tonglen* nos pone en contacto con todos los demás, que son igual que nosotros, que sienten como nosotros. Todos experimentamos dolor y placer. Todos gravitamos hacia lo que es cómodo y sentimos aversión por lo que no lo es.

A menudo la gente me pregunta: «¿Pero cómo sé que otras personas están sintiendo lo mismo que yo?». Creo que se puede afirmar sin miedo a equivocarse que prácticamente no hay nada que podamos sentir que millones de otras personas no estén sintiendo a la vez (o que al menos lo hayan sentido en algún momento). Nuestras historias son diferentes, pero en lo que respecta al dolor y al placer y a nuestras reacciones ante ellos, las personas de todas partes somos iguales.

El *tonglen* trabaja con la forma en que normalmente tratamos con el mundo: queremos la vida a nuestra medida, que las cosas funcionen en nuestro beneficio, no importa lo que les pase a otros. La práctica empieza a tirar los muros que hemos construido a nuestro alrededor, empieza a liberarnos de la prisión de nosotros mismos. Cuando este escudo protector comienza a deshacerse, sentimos naturalmente el deseo de ten-

INSPIRAR DOLOR, EXHALAR ALIVIO

der nuestra mano a los demás. La gente necesita ayuda y nosotros podemos proporcionársela, tanto literalmente como al nivel de enviarles nuestros mejores deseos.

El *tonglen* da la vuelta a la lógica habitual de evitar el sufrimiento y buscar el placer hasta el punto de que podemos abrirnos a nuestro propio dolor y al dolor de otros, hasta el punto de que podemos permanecer presentes con nuestro propio dolor y con la persona que nos lo está provocando. Llegamos a ver el dolor como algo que puede transformarnos, no como algo de lo que hay que escapar a cualquier precio. Mientras sigamos practicando el *tonglen*, nuestra compasión está destinada a crecer. Nos veremos cada vez más capaces de estar ahí para los demás, incluso en lo que antes eran situaciones inaceptables.

No es que no vaya a haber veces en las que simplemente no podamos realizar esta práctica. Puede suceder que cuando nos veamos ante el sufrimiento, el propio o el de otra persona, no podamos afrontarlo y nos quedemos bloqueados. O que no tengamos problemas para conectar con el dolor pero no podamos enviar el alivio. La situación puede ser tan abrumadora que no se nos ocurra ninguna forma de alivio que pueda cambiar lo que estamos presenciando o sintiendo. Sea cual sea la razón por la que no podamos hacer el *tonglen*, no es motivo para la autocrítica o la desesperación. La vida está llena de oportunidades para intentarlo de nuevo.

La resistencia de cualquier tipo señala lo importante que es invocar una sensación de amplitud para hacer esta práctica. Una forma de hacer esto es imaginar que estás respirando en un espacio tan amplio como el propio cielo. Si sientes el cuerpo como algo ilimitado, transparente y lo bastante grande para acoger cualquier cantidad de sufrimiento, podrás respirar sabiendo que no hay ningún lugar donde el dolor se pueda quedar atrapado. Después, al exhalar, podrás enviar ese mismo sentimiento de apertura y de libertad, el sentimiento de que hay mucho espacio, un espacio ilimitado, suficiente para acoger cualquier cosa: la infelicidad, el placer…, todo el abanico de emociones humanas.

Como práctica formal de meditación, el *tonglen* tiene cuatro fases:

La primera fase es una pausa, un momento de quietud y espacio, un breve paréntesis. Si necesitas una imagen para lograrlo puedes rememorar cualquier experiencia en un espacio abierto, como contemplar el océano o mirar un cielo sin nubes.

La segunda fase es una visualización, trabajar con la textura. Al respirar, inhala una energía caliente, pesada y espesa, una especie de sensación de claustrofobia. Inhálala completamente, por todos los poros de tu cuerpo. Después, al exhalar, deja salir una sensación de regeneración, de frescura, de luz y brillante energía. Irrádiala a lo largo de 360 grados. Continúa durante unos minutos o hasta que las imágenes se vean sincronizadas con las inhalaciones y exhalaciones.

La tercera fase implica respirar en una situación dolorosa específica, abriéndote tanto como sea posible, y después exhalar amplitud y alivio. Tradicionalmente empezamos el *tonglen* por una persona o un animal a quien queremos ayudar, pero podemos empezar con nuestra propia experiencia personal en el momento (por ejemplo, una sensación de desesperación o de enfado) y utilizarla como apoyo para conectar con el dolor de los demás.

En la cuarta fase extendemos aún más el *tonglen*. Si lo estamos haciendo para un amigo con sida, lo ampliamos a todas las personas con sida. Si lo hacemos para una hermana alcohólica, lo ampliamos a todos los alcohólicos y después a todos los que sufren de una adicción. Si ya estamos haciendo el *tonglen* para todos los que están experimentando el mismo dolor que nosotros, podemos ampliarlo a todos los que sufren mental o físicamente en todo el mundo. Y después extenderlo todavía más hasta incluirnos a todos los que estamos encerrados en nosotros mismos, todos los que estamos atormentados por mentes con ideas fijas y por una incapacidad para soltar las esperanzas y el miedo.

Como instrucción general debemos empezar la práctica del *tonglen* con una situación que sea inmediata y real, no algo vago e impersonal, y después la iremos extendiendo para incluir más y más seres que sufren de forma similar, y finalmente abarcarnos a todos los que sufrimos porque tenemos apego al yo y por nuestra resistencia a la incertidumbre y la impermanencia.

Si nosotros hemos tenido aunque sea un destello de lo que significa el desapego al yo, de cómo se siente el despertar, la libertad, eso es lo que vamos a querer para los demás. Cuando mos que los demás están atrapados, en vez de ser críticos y juzgarles, podemos empatizar con lo que están pasando; nosotros hemos estado ahí y sabemos exactamente cómo se sienten. Lo que deseamos para los demás es lo mismo que deseamos para nosotros: que nos reconciliemos con nosotros mismos, que reconozcamos cuándo estamos atrapados y nos liberemos de esos sentimientos, que dejemos de reforzar los patrones disfuncionales que prolongan nuestro sufrimiento para llegar hasta los demás, para experimentar la bondad del ser humano.

Tanto si hacemos el *tonglen* como práctica formal o como algo que surge en el momento, ¿hace falta un tiempo para acostumbrarse? Claro que sí. ¿Hay que acostumbrarse a lo duro que es el dolor? ¿Se necesita paciencia y bondad? Sí, claro. No hay necesidad de que pierdas la esperanza cuando la práctica parezca demasiado difícil. Permítete ir entrando en ella lentamente, a tu ritmo, trabajando primero con las situaciones que son fáciles para ti ahora mismo. Cuando pierdo la confianza en mí misma y quiero rendirme, siempre recuerdo lo que Chögyam Trungpa solía decir. Se sentaba erguido y sonreía ampliamente para proclamar: «¡Puedes hacerlo!». Y de alguna forma su confianza era contagiosa, y al oír sus palabras yo sabía que podía.

Una vez leí un poema sobre la práctica del *tonglen* en tiempos de guerra. Las imágenes que se debían inhalar eran las de bombas cayendo, violencia, desesperación, pérdida de piernas, una vuelta a casa con la cara quemada y desfigurada, y después había que exhalar la belleza de la tierra y el cielo, la bondad de las personas, la seguridad y la paz. Con el mismo espíritu podemos inhalar el odio y los celos, la envidia y la adicción (todo el dolor del drama humano) utilizando nuestra experiencia personal de ese dolor y extendiendo el *tonglen* a todos los demás que se ven atrapados de la misma manera. Después podemos exhalar flexibilidad, desenfado, no agresión, fuerza..., lo que sintamos que puede traer consuelo, levantar los ánimos y proporcionar alivio. El dolor del mundo nos atraviesa hasta llegarnos al corazón, pero nunca debemos olvidar la bondad de estar vivos.

Chögyam Trungpa dijo una vez: «El problema con la mayoría de la gente es que siempre está intentando dejar a un lado lo malo y quedarse con lo bueno. Ese ha sido el problema de la sociedad en general y de todo el mundo». Ha llegado la hora de que intentemos hacer justo lo opuesto: quedarnos con lo malo y transmitir lo bueno. La compasión no es cuestión de lástima, de que los fuertes ayuden a los débiles; es una relación entre iguales, de apoyo mutuo. Practicando el *tonglen* podemos llegar a darnos cuenta de que el bienestar de los demás es tan importante como el nuestro. Al ayudarles, nos ayudamos. Al ayudarnos a nosotros, también estamos ayudando al mundo.

8
El catalizador de la compasión

ALGUIEN ME ENVIÓ UN POEMA que parecía capturar la esencia del compromiso del guerrero: empatía con los demás seres. Se llama *Birdfoot's Grampa* (El abuelo Birdfoot) y trata de un niño y su abuelo que está conduciendo por una carretera comarcal durante una tormenta. El abuelo no deja de parar el coche y salir para recoger a un montón de ranas que están saltando por toda la carretera y depositarlas cuidadosamente en la cuneta para que estén a salvo. Después de la vigésima cuarta vez que lo hace, el niño pierde la paciencia y le dice a su abuelo: «No puedes salvarlas a todas / acéptalo, vuelve a entrar / tenemos un sitio al que ir». Y el abuelo, con la rodilla apoyada en la hierba húmeda y las manos llenas de ranas, simplemente le sonríe a su nieto y le dice: «Ellas también tienen un sitio al que ir».

Qué escena más clara de cómo funciona este compromiso. Al abuelo no le ha importado parar veinticuatro veces, ni salir y mojarse para salvar a las ranas. Tampoco la impaciencia de su nieto, porque tiene muy claro que las ranas tienen tantas ganas de vivir como él.

La aspiración del segundo compromiso (cuidar de todos los seres en todas partes) es enorme. Pero tanto si vamos a asumir este compromiso por primera vez o a renovarlo por enésima, tenemos que empezar exactamente donde estamos ahora. Estaremos más cerca del nieto o del abuelo, pero estemos donde estemos, por ahí debemos empezar.

Se dice que cuando adquirimos este compromiso sembramos una semilla en nuestro inconsciente, en lo más profundo de la mente y el corazón, que nunca desaparece. Esa semilla es un catalizador que activa nuestra capacidad inherente para el amor y la compasión, para la empatía, para ver la igualdad de todos. Así que nos comprometemos, plantamos la semilla y después hacemos todo lo posible para no endurecer nunca nuestro corazón ni cerrar nuestra mente a nadie.

No es fácil mantener este voto, por supuesto. Pero, cada vez que lo rompemos, lo importante es que reconozcamos que hemos dejado a alguien fuera, que nos hemos distanciado de alguien, que hemos convertido a alguien en «el otro», el que está al otro lado de la valla. A menudo estamos tan llenos de engreída indignación, tan decididos, que ni siquiera vemos que ha habido un desencadenante. Pero si tenemos suerte nos daremos cuenta de lo que ha pasado (o alguien nos lo señalará) y nos reconoceremos a nosotros mismos lo que hemos hecho. Después simplemente renovaremos nuestro compromiso de permanecer abiertos a los demás, aspirando a empezar otra vez de cero.

A algunas personas les gusta leer o recitar un poema inspirador como parte de la renovación de su compromiso. Un poema que se puede usar es este de Shantideva, que se repite tradicionalmente para reafirmar la intención de actuar en beneficio de otros:

> Igual que los que experimentaron el despertar en el pasado
> Con la mente elevada y despierta
> Lograron establecerse progresivamente
> En las prácticas del *bodhisattva*,
> Yo también elevaré y despertaré mi mente
> Para el beneficio de todos los seres
> Y me entrenaré progresivamente con esas prácticas.

Repetimos estas palabras u otras similares para renovar nuestro compromiso; después aparece ante nosotros un nuevo momento y solo tenemos que seguir adelante. Volveremos a tropezar y a empezar de nuevo una y otra vez, pero cuando la semilla esté plantada, siempre nos estaremos moviendo en la dirección de ser cada vez más abiertos a los demás y más compasivos y cariñosos.

El compromiso de cuidar los unos de los otros, el compromiso del guerrero, no consiste en ser perfectos. El objetivo es poner continuamente una buena energía en nuestro inconsciente, seguir plantando las semillas que predisponen a nuestro corazón a expandirse sin límite, que nos predisponen a despertar. Cada vez que reconozcamos que hemos roto ese compromiso, en lugar de autocriticarnos, en lugar de plantar las semillas del autojuicio y la autodenigración (o las de la engreída indignación, la rabia o cualquier otra frustración que descarguemos en otros), podemos plantar las semillas de la fuerza, de la confianza, del amor y la compasión. Estamos plantando semillas para volvernos más como el abuelo y como muchas otras personas que conocemos (o de las que hemos oído hablar) que parecen ser felices al poner su vida a disposición de los demás.

Cuando te sientas mal contigo mismo por tu corazón rígido e implacable, puedes buscar consuelo en Shantideva. Él dice que cuando hizo el voto de salvar a todos los seres sensibles fue una «completa locura», porque, aunque no era consciente de ello en aquel momento, él estaba «sujeto a las mismas aflicciones que los demás» y tan confuso como cualquiera.

Nuestra confusión es la confusión que siente todo el mundo. Por eso, cuando pienses que ya la has fastidiado de todas las formas posibles, que has roto el compromiso irremediablemente, Shantideva sugiere que en vez de verte acuciado por la culpa, lo veas todo como un incentivo para invertir el resto de tu vida en reconocer tus tendencias habituales y en hacer todo lo posible para no reforzarlas.

Adquirir el compromiso del guerrero es como estar en un barco que se hunde y comprometerse a ayudar a todos los demás pasajeros a abandonar el barco antes que tú. Unos años atrás vi el ejemplo perfecto de esto cuando un avión estadounidense cayó en el río Hudson, en plena ciudad de Nueva York. Poco después de que el avión despegara del aeropuerto de La Guardia, unos pájaros inhabilitaron un motor y el piloto no tuvo más remedio que aterrizar el avión en el río. Lo hizo tan bien que las 155 personas que había a bordo del avión sobrevivieron al aterrizaje forzoso. Todavía puedo verlas sobre las alas, esperando a ser rescatadas por una flotilla de pequeñas embarcaciones que acudieron rápidamente al lugar. La historia dice que el piloto se quedó en el avión hasta que todo el mundo hubo salido y después volvió a entrar para comprobar que no había quedado nadie. Ese es el tipo de modelo de conducta que ilustra el compromiso del guerrero.

Por otra parte, también he oído historias de otras personas que se vieron en la misma situación y salieron corriendo intentando salvar su pellejo sin pensar en nadie más. Y siempre hablan de lo mal que les hace sentir lo que hicieron cuando miran atrás. Una mujer me contó que había estado en un accidente de avión muchos años atrás. Se ordenó a los pasajeros que evacuaran porque el avión iba a explotar. Y la mujer salió corriendo hacia la salida sin pararse a ayudar a nadie, ni siquiera a un anciano que tenía problemas para quitarse el cinturón y liberarse. Después le pesaba mucho en la conciencia no haberse parado a ayudarlo y eso la había inspirado para, a partir de entonces, ayudar a los demás en todo lo que pudiera siempre que tuviera la oportunidad.

Shantideva dice que la única forma de romper este voto completamente es darlo por imposible y dejar de querer ayudar a los demás, sin importarte si les haces daño o no porque lo único que te importa es asegurarte de que el número uno, que eres tú, está bien y a salvo. Solo nos creamos un problema si nos cerramos a todo y todo nos da igual (en las ocasiones que somos demasiado cínicos, estamos demasiado deprimidos o llenos de dudas para que los demás nos importen).

En el corazón de la intención de cumplir el compromiso está el intento de no tenerle miedo a la tensión y al desasosiego fundamental cuando surgen en nosotros. Nuestro reto es entrenarnos para sonreírle a la sensación de desarraigo, al miedo. Yo llevo años entrenándome con eso porque suelo tener ataques de pánico. Como todo el que haya tenido un ataque de pánico sabe, esa sensación de terror puede surgir de la nada. A mí a menudo me surge en medio de la noche, cuando estoy especialmente vulnerable. Pero con los años me he entrenado para relajarme con esa sensación que paraliza la mente y el cuerpo. Mi primera reacción siempre era soltar un grito ahogado por el terror. Pero Chögyam Trungpa solía soltar un grito igual cuando describía cómo reconocer la mente iluminada. De modo que ahora, cada vez que tengo un ataque de pánico y suelto esa exclamación, recuerdo la cara de Chögyam Trungpa y me acuerdo de él haciendo el mismo sonido cuando hablaba de la mente iluminada. Entonces la energía del pánico me abandona.

Si te resistes a esa energía del pánico, incluso a un nivel involuntario e inconsciente, el miedo puede durar mucho tiempo. La forma de trabajar con esto es dejar a un lado la historia personal y no volver a aceptar la idea de que no está bien. En vez de eso debemos sonreírle al pánico, sonreírle a ese terrible agujero sin fondo que se nos abre en la boca del estómago. Cuando podemos sonreírle al miedo se produce un cambio: lo que normalmente nos hace intentar escapar se convierte en un vehículo para despertarnos y para despertar la bondad fundamental y primordial, para despertar la claridad mental y un cariño que no retiene nada en el interior.

La imagen del guerrero es la de una persona que puede entrar en el peor de los infiernos y no flaquear ante la experiencia directa de una crueldad y un dolor inimaginables. Ese es nuestro camino: incluso en las situaciones más difíciles haremos todo lo posible por sonreírle al miedo, a la arrogante indignación, a nuestra cobardía y a nuestra forma de evitar la vulnerabilidad.

Tradicionalmente hay tres formas de entrar en el camino del guerrero, tres enfoques para asumir el compromiso de actuar en beneficio de los demás. La primera se denomina entrar como un monarca, es decir, un rey o una reina. Esto significa unificar nuestro reino y, sobre la base de esa fuerza, cuidar de nuestros súbditos. La analogía es: «Yo trabajo conmigo mismo y organizo mi vida para que pueda servir en beneficio de otros, hasta el punto de que no me vea influido por desencadenantes nunca más y pueda permanecer presente y no cerrar la mente ni el corazón». Nuestra motivación es estar ahí para los demás cada vez más según van pasando los años.

Los padres tienen una muy buena formación para esto. La mayoría de los padres y las madres aspiran a darles a sus hijos una buena vida, una que esté libre de agresiones y mezquindades. Pero, por otro lado, existe la realidad de lo insoportables que pueden llegar a ser los niños. Y la realidad de perder los estribos y gritar o de estar irritable, irrazonable o de mostrarse inmaduro. El ver esta discrepancia entre nuestras buenas intenciones y nuestras acciones nos motiva para trabajar con nuestras mentes, con nuestras reacciones e impaciencias habituales, para mejorar a la hora de conocer los desencadenantes y abstenernos de montar una escena o de reprimirnos. Seguro que nadie tiene problema en trabajar consigo mismo para convertirse en un padre mejor y más cariñoso.

Las personas que desempeñan profesiones de servicio también tienen un buen entrenamiento en lo que respecta a entrar como un monarca. Tal vez has querido alguna vez trabajar con adolescentes sin hogar porque en algún momento tú fuiste uno de ellos. Tu deseo es marcar la diferencia en la vida de al menos una persona, para que sienta que puede contar con alguien. Pero antes de que pase mucho tiempo te sientes tan exasperado por la conducta de los adolescentes que pierdes el norte y ya no puedes estar ahí. En ese momento, o recurres a la mediación o te vuelves hacia el primer compromiso para que te ayude a estar presente y abrirte a lo que surja, incluidos los sentimientos de inadecuación, incompetencia o vergüenza.

La siguiente forma de enfocar el compromiso del guerrero es con la actitud de un barquero. Cruzamos el río en compañía de todos los seres sensibles, así que debemos abrirnos a nuestra verdadera naturaleza juntos. La analogía es: «Mi dolor servirá de apoyo para comprender el dolor de otros». En vez de que nuestro propio sufrimiento nos enfoque en nosotros mismos, lo convertimos en un medio a través del cual podemos abrirnos genuinamente al sufrimiento de otros.

Varios supervivientes de cáncer me han contado que esta actitud les ha dado la fuerza para pasar por el horror físico y psicológico de la quimioterapia. No podían comer ni beber porque todo les resultaba demasiado doloroso. Tenían llagas en la boca. Estaban deshidratados. Tenían unas náuseas horribles… Entonces recibieron formación sobre el *tonglen*. Y su mundo se hizo cada vez más grande mientras se abrían a todas las demás personas que estaban experimentando el mismo dolor físico que ellos y la misma soledad, furia y otros problemas emocionales que acompañan a la enfermedad. Su dolor se convirtió en el apoyo para comprender el dolor de otros que estaban en el mismo barco.

Recuerdo que una mujer me contó esto: «No podía ponerme peor, así que no me resultaba un problema inspirar y decir: "Como el dolor está aquí de todas formas, lo voy a aceptar completamente con el deseo de que nadie más tenga que pasar por esto". Y tampoco tenía problemas para poder enviar alivio». No es que desaparecieran las náuseas ni que repentinamente fueras capaz de comer y beber, dijo, pero la práctica le daba un significado al sufrimiento. La actitud cambia. La sensación de resistencia al dolor, el sentimiento de total impotencia y el de desesperación desaparecen.

No hay forma de hacer que una situación horrible mejore. Pero podemos usar el dolor para reconocer la igualdad con nuestros semejantes. Shantideva dijo que si todos los seres sensibles sufren emociones fuertes y conflictivas, si todos tienen que soportar cosas que no quieren, no pueden aferrarse a las que quieren y todos sienten angustia, ¿por qué estoy yo dándole tanta importancia a lo que me pasa a mí? Como todos estamos juntos en el mismo barco, ¿por qué me doy tanta importancia? La actitud del barquero es la de utilizar aquello que normalmente nos hunde y provoca que nos encerremos en nosotros mismos como apoyo para despertar nuestra compasión y para entrar en contacto con la vasta y abierta mente del guerrero.

La tercera actitud es la del pastor o la pastora, cuyo rebaño siempre va primero. Es la del abuelo con las ranas o la del piloto del avión estrellado. Es la historia de los bomberos que entran en un edificio en llamas o de un padre que arriesga su vida para salvar la de su hijo. El pastor automáticamente pone a los demás por delante.

Casi todo el mundo da por sentado que poner a los demás por delante es la manera adecuada de comportarse para desarrollar el compromiso del guerrero. Y si no lo hacemos nos criticamos por ello. Pero ninguno de los tres enfoques es mejor que los demás. Se puede decir que evolucionamos hacia la actitud del pastor, pero es una evolución natural. Las otras dos formas no son menos válidas. La importancia de esta enseñanza es señalar que las tres formas son admirables, bellas y deben ser igualmente consideradas a la hora de desarrollar el compromiso del guerrero.

De hecho, la mayoría de nosotros hemos pasado por estos tres enfoques. Probablemente hay muchos ejemplos en tu vida en los que has trabajado con la aspiración de estar presente y ser útil para los demás. Y también tendrás ejemplos de otras ocasiones en las que la pena te ha conectado con la pena de los demás, en las que tu dolor físico o mental ha sido un catalizador para comprender lo que le está pasando a otra persona. Y también habrá habido situaciones en las que espontáneamente pones a los demás por delante.

Un corazón frío y una mente estrecha no son hábitos que queramos reforzar. Eso no nos va a predisponer al despertar. De hecho nos mantendrá atrapados. Por eso asumimos el compromiso del guerrero, el voto de cuidar los unos de los otros, para hacer todo lo posible para no darle la espalda a nadie. Y cuando flaqueamos, renovamos nuestro compromiso y seguimos adelante sabiendo que incluso los iluminados del pasado supieron lo que era caer y volver a levantarse. Si no, ¿cómo podrían tener una idea de lo que estaban pasando los demás? ¿Cómo podrían haber cultivado la paciencia y el perdón, el cariño y la compasión?

El tercer compromiso

El compromiso de aceptar el mundo como es

Debemos considerar el caos como la mejor
de las noticias.

CHÖGYAM TRUNGPA RINPOCHE

9
No hay dónde esconderse

—————————— ❀ ——————————

CON EL TERCER COMPROMISO entramos de lleno en la falta de apoyos consistentes, relajándonos dentro de la naturaleza continuamente cambiante de nuestra situación y experimentándola como una energía de iluminación, como la manifestación de la bondad básica. En cierto sentido esto no es nada nuevo; es para lo que nos hemos estado entrenando todo el tiempo. Pero a nivel de experiencia es un gran salto hacia delante y nos señala un cambio importante en nuestra consciencia. Ahora cogemos lo que hemos asimilado de los anteriores compromisos, sobre todo la parte de estar totalmente presentes con un corazón abierto, y al llegar al tercero subimos las apuestas. En esta ocasión el énfasis está en el «totalmente»; la exigencia en la práctica para estar «totalmente presentes» es mucho mayor. Estar así deja considerablemente mermados los viejos hábitos personales del apego al yo y la sensación de no tener dónde esconderse puede resultar bastante intensa.

Una vez, cuando llevaba varios meses dedicándome con toda la continuidad que podía a la práctica, me quejé a Chögyam Trungpa de que me sentía como si estuviera a punto de estallar en cualquier momento. Me irritaban hasta las motas de polvo y siempre estaba en un tris de contestarle mal a la gente. Él me respondió que era porque la práctica estaba poniendo a prueba mi cordura, me obligaba a crecer y yo no estaba acostumbrada a eso todavía.

El tercer compromiso, conocido tradicionalmente como voto *samaya*, es un compromiso para aceptar el mundo como es. «*Samaya*» es una palabra tibetana que significa «voto sagrado» o «voto vinculante». Implica unirnos con nuestra experiencia total, establece un vínculo inquebrantable con la vida. Con este compromiso aceptamos que estamos vinculados a la realidad, a todo lo que percibimos en cada momento. No hay forma de librarse de la experiencia, ningún lugar al que ir más que donde estamos. Nos rendimos a la vida. Cedemos y aceptamos todos los sonidos, imágenes, olores, sabores, pensamientos y personas que encontramos. Es un compromiso de no rechazar nada. Las palabras del maestro budista tibetano Dilgo Khyentse expresan esta idea de una forma muy bella:

La práctica diaria consiste simplemente en desarrollar una completa aceptación y apertura a todas las situaciones y emociones, a todas las personas, experimentando todo en su totalidad, sin reservas ni bloqueos mentales, para que nadie pueda encerrarse o centrarse en uno mismo.

La actitud del tercer compromiso es que vivimos en un mundo que es intrínsecamente bueno y que está intrínsecamente iluminado, y nuestro camino pasa por darnos cuenta de eso. Dicho de una forma simple, la práctica en este nivel consiste en volverte hacia tu experiencia, toda ella, y no apartar la vista.

Pero primero tienes que seguir viviendo según los otros compromisos. Practica la atención consciente, volviendo una y otra vez exactamente a donde estás y lo que estás experimentando: los pies en el suelo, la rodilla que te duele, el agua caliente cayendo sobre las manos, el aire del invierno escociéndote en los ojos, el sonido de un martilleo, el olor del café.

Después añádele a esa experiencia un profundo aprecio por cada uno de esos momentos únicos y preciosos. Tal vez estés deseando que los obreros dejen de martillear; llevan haciéndolo todo el día, todos los días durante un mes, y estás harto. Pero pasará. Y cuando lo recuerdes un año después parecerá que el martilleo se acabó en un abrir y cerrar de ojos. Oír el martilleo es una experiencia fugaz y transitoria y cada vez que suena el martillo es un momento único. No vas a volver a oír un sonido exactamente igual otra vez.

No importa lo irritado que estés por lo que oyes; cada sonido merece tu atención. Y si lo escuchas apreciándolo, empezará a sacarte de ti mismo, de tu pequeño mundo centrado en ti y en el que todo gira a tu alrededor. Cuando tengas ese tipo de conexión genuina contigo y con el mundo empezarás a notar el despertar. De repente sentirás como si estuvieras en un territorio vasto y abierto con mucho espacio para respirar; es como si acabaras de salir de una tienda pequeña, oscura y atestada y te encontraras justo en el borde del Gran Cañón. Es el lugar en el que solo eres. Y no es un lugar etéreo, de otro mundo. No has trascendido los detalles corrientes de tu vida; más bien al contrario: ahora has contactado con ellos al cien por cien y has llegado al umbral de lo que en la tradición *vajrayana* se denomina «el mundo sagrado». Sagrado no en el sentido de religioso o santo, sino en el sentido de precioso, excepcional, fugaz, fundamentalmente genuino y bueno.

Hay unos versos de Chögyam Trungpa que describen cómo es ese mundo, en los que empieza describiendo lo que ve como la puerta al mundo sagrado:

Lo que se ve con los ojos es vívidamente irreal en el vacío; pero sigue habiendo forma.

«Vívidamente irreal en el vacío» se refiere al mundo corriente y habitual, vacío de conceptos, de etiquetas, claramente percibido en toda su brillantez pero imposible de captar del todo. Después el verso sigue con «pero sigue habiendo forma». El vacío y la forma son inseparables para siempre. Lo que vemos (nuestra percepción de lo ordinario, nada excepcional) es la forma, la manifestación del vacío, de la energía de la iluminación. Desde el momento que despertamos por la mañana hasta el momento en que nos dormimos (e incluso en sueños) se produce esa manifestación continua e incesantemente. Siempre tenemos la oportunidad de dejar que nuestra vista conecte con la preciosidad de este mundo sagrado.

El vacío no es un agujero negro, un espacio en blanco donde no pasa nada. Lo importante es que descubrir la bondad básica (el despertar, la cualidad de lo que existe, el ahora de las cosas) no se consigue trascendiendo la realidad cotidiana, sino apreciando las simples experiencias sin una historia detrás. Cuando vemos un coche rojo con una puerta abollada; cuando sentimos calor o frío, suavidad o dureza; cuando saboreamos una ciruela u olemos hojas podridas…, esas simples y directas experiencias son nuestro contacto con el despertar básico, con la bondad básica, con el mundo sagrado. Solo entrando en contacto totalmente con nuestra experiencia relativa descubrimos la naturaleza renovada, eterna y definitiva de nuestro mundo.

Una vez, a principios de los setenta, un alumno se levantó en medio de una charla y le pidió a Chögyam Trungpa que le dijera qué era la iluminación. Nunca olvidaré su respuesta: «La iluminación es como oír una corneta u oler tabaco por primera vez». Ese es el punto de vista que hay tras la enseñanza del tercer compromiso. Si nos escondemos de nuestra experiencia o la rechazamos por ser insignificante, estamos perdiendo la oportunidad de la iluminación.

El poema sigue así:

Lo que se oye con los oídos es el eco del vacío, pero es real.

El oído, junto con las otras percepciones, también es una puerta al mundo sagrado. Lo que oímos es el eco (el sonido) del vacío, de la energía del despertar, imposible de captar pero audible. También es «el claro y nítido sonido del gurú» (la voz del maestro). Si alguien nos habla, aunque no nos guste lo que nos dice, no es solo algún imbécil soltando tonterías. Es la voz del maestro, el sonido del vacío, de la energía del despertar manifestándose. Si un cuervo que está posado al otro lado de nuestra ventana nos está atravesando los tímpanos con su desagradable graznido, ese también es el sonido de la energía del despertar, la voz del maestro despertándonos.

No hay nada que podamos ver u oír que no sea una manifestación de la energía de la iluminación, que no sea una puerta al mundo sagrado. Esta es la visión del tercer compromiso. Es la visión con la que nos comprometemos cuando hacemos el voto de aceptar el mundo como es, de apreciarnos a nosotros mismos y a nuestro mundo, de volvernos hacia el mundo y nunca darle la espalda.

Normalmente nosotros proyectamos nuestras preferencias en lo que sea que se esté manifestando. Todo nos llega junto con nuestra variedad de sentimientos (nuestras preferencias personales, nuestro bagaje cultural), así como con mucho *shenpa*. Pero como dijo Chögyam Trungpa: «Es como decir "avena". A algunos les encanta y otros la odian. Pero la avena sigue siendo avena».

Si miramos la nieve al otro lado de la ventana en invierno, podemos ver su color, cómo cae, cómo se acumula sobre el suelo, los coches y las ramas de los árboles, cómo forma montones de diferentes formas. Podemos ver sus cristales brillando a la luz del sol y el blanco azulado de sus sombras. También podemos ver la nieve como nieve, sin añadirle nada más. Pero normalmente no vemos la nieve así. Nuestra visión se ve empañada por nuestras reacciones emocionales. Nos gusta o no nos gusta. Nos hace felices o nos pone tristes. Nos hace sentirnos ansiosos o irritados porque tenemos que quitarla con la pala antes de ir a trabajar y ya vamos tarde.

Incluso con esa mezcla de sentimientos hay grados de intensidad. Puede gustarnos la nieve con una sensación de apego, de *shenpa* («Espero que cuaje para que pueda subir a esquiar este fin de semana»), pero también puede gustarnos sin apego, sin *shenpa*. Puede no gustarnos con *shenpa*, con arrogante indignación («¿Cómo se atreve a nevar el día de mi gran fiesta?»), pero también puede no gustarnos sin *shenpa*, sin vinculación emocional. Pero independientemente de cómo nos sintamos respecto a la nieve, sigue siendo nieve, energía del despertar manifestándose exactamente como es. Es posible verla sin ninguna historia.

Los versos de Chögyam Trungpa siguen de esta forma:

> Buenos o malos, felices o tristes, todos los pensamientos desaparecen en el vacío como la estela de un pájaro en el cielo.

Todo lo que pasa por la mente (pensamientos sobre lograr venganza o sobre cómo evadir impuestos, o los planes que tenemos cuando acabe la reunión; pensamientos espirituales, agresivos, ansiosos o alegres) es la manifestación del vacío, de la mente iluminada. El camino hacia el bienestar inquebrantable pasa por estar completamente presentes y abiertos a todas las imágenes, sonidos y pensamientos, sin alejarnos, sin escondernos, sin necesidad de mejorarlos o moderarlos.

Sin duda se trata de una idea difícil de asimilar. Por eso nos entrenamos con los dos primeros compromisos, tomándolos como material con el que construir nuestro propósito de no hacer daño a otros con nuestras palabras o acciones y no cerrar nuestra mente ni nuestro corazón a nadie. Necesitamos ese entrenamiento profundo para llegar al lugar en que todo se convierte en el camino hacia la iluminación.

La mayor parte del entrenamiento de los dos primeros compromisos implica reducir nuestra tendencia a poner etiquetas, ideas preconcebidas, visiones y opiniones propias a todo lo que percibimos. Con el tercer compromiso, llevamos esta actitud un poco más lejos. No es que no podamos tener puntos de vista personales y opiniones sobre la avena o sobre la nieve (o sobre cualquier otra cosa), es que no debemos aferrarnos a ellos. En vez de eso simplemente podemos probárnoslos y divertirnos con ellos, como un actor con un disfraz para una obra de teatro. Podemos bailar con la vida cuando parece una fiesta loca completamente fuera de control o cuando es tan tierna como un amante. Trabajamos con lo que tenemos, con quienquiera que seamos ahora mismo.

Este voto trata del compromiso con la simplicidad de la vida, la vida como es, sin florituras. Empezaremos a ver nuestros puntos de vista y opiniones, incluso los que nos importan mucho, nada más y nada menos que como puntos de vista y opiniones. La nieve sigue siendo nieve. La avena sigue siendo avena, tanto si nunca queremos verla en el menú como si nos gusta tanto que abrimos un *spa* en el que la ponemos en todas las comidas.

Pensemos en otro ejemplo: fumar. Algunas personas creen que fumar es malo, lo peor del mundo. A otras personas les encanta fumar y se sienten maltratadas por todas las restricciones que les han impuesto. Pero fumar sigue siendo fumar. Puede que estés leyendo esto y pensando que no estás seguro de querer aceptar esta perspectiva: todo el mundo *sabe* que fumar cigarrillos es un riesgo para la salud y aquí mismo tengo un estudio de 570 páginas sobre el cáncer de pulmón y los efectos en los fumadores pasivos... Pero fíjate en la vehemencia con la que te opones a la idea de que fumar no es más que fumar o la vehemencia con la que lo apoyas. Fumar puede no estar intrínsecamente bien o mal, pero sin duda provoca mucho *shenpa*.

Todas las guerras, todo el odio, toda la ignorancia del mundo vienen de estar tan implicados con nuestras opiniones. Y en el fondo esas opiniones no son más que nuestros esfuerzos para escapar del desasosiego subyacente de ser humanos, el desasosiego de sentir que nos falta un terreno firme donde poder arraigar. Así que nos aferramos a nuestras ideas fijas sobre «así es como son las cosas» y menospreciamos las visiones opuestas. Pero imagina cómo sería el mundo si pudiéramos llegar a ver lo que nos gusta y lo que no como simples gustos, y lo que creemos que es algo intrínsecamente verdadero como simplemente un punto de vista personal.

El tercer compromiso no está orientado al futuro. Se refiere a estar totalmente abiertos a lo que sea que haya en este momento. Implica apoyarse en la experiencia directa, apreciarla, ser uno con ella y no colorearla con nuestras percepciones sensoriales, con nuestros conceptos, nuestro diálogo interno, nuestras interpretaciones de lo que ocurre. Cuando nos sentimos desasosegados tendemos a volvernos muy dogmáticos y a aferrarnos a nuestros puntos de vista para intentar librarnos de ese sentimiento de tensión y miedo. Pero otra forma de tratar con ese sentimiento de desasosiego es permanecer presentes con él y renovar nuestro compromiso con la sensatez. Este voto requiere un profundo entrenamiento para vernos, desde una posición de testigos, a nosotros mismos con una inmensa compasión cuando nos alejamos para refugiarnos en ideas fijas, en nuestra rígida autoimagen, en el apego al yo, en querer que nuestra vida siga nuestras reglas…, todo para escapar de la incierta condición de ser humanos. Con el tercer compromiso nos vamos conociendo con amabilidad y una inmensa honestidad. Eso es profundizar a la hora de reconciliarnos con nosotros mismos.

Con el compromiso de aceptar el mundo como es seguimos cuestionando nuestra creencia en la imagen que nos hemos forjado de nosotros mismos. En un poema que escribió justo antes de su muerte, el maestro chan Sheng Yen decía: «Intrínsecamente no hay yo. Por eso la Vida y la Muerte quedan a un lado». Al final de la vida queda claro que no hay identidad fija, que vamos a dejar atrás este cuerpo, esta identidad en particular. Pero eso deja una pregunta en el aire: si no hay un yo intrínseco, ¿quién siente todo este placer y dolor? El poema del maestro Sheng sigue diciendo: «En el vacío, sonreír, sollozar»; no dice «en el vacío, no vivir».

Pero es solo cuando el temeroso «yo» no está jugando al tira y afloja con nuestra vida, provocando que nos aferremos o huyamos, que el compromiso total es posible. Nos vemos totalmente comprometidos con nuestras vidas cuando estamos menos absorbidos por nosotros mismos, cuando sentimos cada vez menos lealtad a nuestro pequeño y egocéntrico yo y a la noción fija de quién somos y lo que somos capaces de hacer. Entonces nos damos cuenta de que tenemos cada vez menos miedo de aceptar el mundo como es. Como dijo una vez Leonard Cohen refiriéndose al beneficio de muchos años de meditación: «Cuanto menos yo había, más feliz me sentía».

Pero dejar ir ese yo fijo no es algo que simplemente podamos *desear* que ocurra. Es algo para lo que nos predisponemos con cada gesto, cada palabra, cada obra y cada pensamiento. O vamos en la dirección de dejar ir y de reforzar esa capacidad o en la de aferrarnos y reforzar un hábito basado en el miedo. Podemos elegir la realidad (estar con ella, aquí, mostrarnos, ser abiertos, volvernos hacia las imágenes y los sonidos y los pensamientos que pasan por nuestra mente) o podemos elegir darle la espalda. Pero si le damos la espalda podemos contar con que seguiremos atrapados en el mismo patrón antiguo de sufrimiento, sin acercarnos nunca a la experiencia del despertar ni a la cualidad sagrada de nuestra existencia.

El maestro tibetano Anam Thubten dio una vez una charla titulada *Enamorarse del vacío*. Esa frase encierra el sentimiento del tercer compromiso: enamorarse de la condición humana y no dividirnos en dos, con la parte teóricamente buena condenando a la parte teóricamente mala y la mala planeando la forma de socavar a la buena. No estamos intentando cultivar una parte de nosotros y librarnos de la otra. Nos entrenamos para abrirnos a todas.

En su charla, Anam Thubten dijo que para enamorarse del vacío tenemos que hacernos una importante pregunta: «¿Estoy dispuesto a soltarlo todo?». En otras palabras, ¿estoy dispuesto a desprenderme de cualquier cosa que suponga una barrera entre yo y los demás, entre yo y el mundo? Eso es lo que te tienes que preguntar antes de asumir inequívocamente el compromiso de aceptar el mundo como es. Pero no hay necesidad de ser duro contigo mismo si tu respuesta es inequívocamente «sí» un día y «eso es demasiado difícil» al siguiente. Mantener este compromiso se dice tradicionalmente que es como intentar evitar que el polvo se pegue a un espejo. Igual que con el voto del guerrero, este voto se rompe con facilidad, pero podemos arreglarlo simplemente volviendo a comprometernos con permanecer abiertos a la vida.

La vida de cada persona es como un *mandala* (un círculo vasto e ilimitado). Estamos en el centro de nuestro propio círculo y todo lo que vemos, oímos o pensamos forma el *mandala* de nuestra vida. Entramos en una habitación y la habitación es nuestro *mandala*. Entramos en el metro y el vagón es nuestro *mandala*, desde la adolescente que mira los mensajes en su iPhone hasta el sin techo hecho un ovillo en un rincón. Vamos a hacer senderismo a la montaña y todo hasta donde nos alcanza la vista es nuestro *mandala*: las nubes, los árboles, la nieve en las cumbres, incluso la serpiente de cascabel que te encuentras enroscada en el camino. Estamos tumbados en una cama de hospital y el hospital es nuestro *mandala*. No lo construimos, no elegimos lo que hay o quién está. Es, como decía Chögyam Trungpa, «el *mandala* que nunca se escoge pero siempre está completo». Y lo aceptamos como es.

Todo lo que aparece en tu *mandala* es un vehículo para el despertar. Desde este punto de vista el despertar está justo al alcance de tu mano continuamente. No hay gota de lluvia ni caca de perro que aparezca en tu vida que no sea la manifestación de la energía de la iluminación, una puerta hacia el mundo sagrado. Pero es decisión tuya elegir si tu vida es un *mandala* de neurosis o uno de cordura.

El dolor de tu mente confundida y la brillantez de tu mente iluminada conforman el *mandala* de tu vida. Es un entorno en el que el nacimiento y la muerte, la depresión y la alegría pueden coexistir. No hay problema. La belleza, la amabilidad, la nobleza, la excelencia, el desengaño, la crueldad, la ignorancia…, puedes aceptarlo todo. No necesitas evitar nada. Incluso las emociones difíciles como el enfado, la avidez, la ignorancia, los celos o el orgullo son parte de tu *mandala* y los puedes aceptar tranquilamente.

Lo que sea que aparezca en nuestros sueños nocturnos o durante nuestra vida despiertos (en nuestro *mandala*) es vívidamente irreal y a la vez es todo lo que hay. Podemos llamarlo veneno o sabiduría. Sea como sea es cosa nuestra decidir si trabajamos con ello o huimos. El tercer compromiso nos invita a hacer del *mandala* de nuestra vida un aliado y el lugar donde tiene lugar nuestra iluminación.

El maestro zen Dogen dijo: «Para conocer el yo hay que olvidar el yo. Olvidar el yo es ser iluminado por todas las cosas». La única forma de olvidar el yo, de darnos cuenta de que no hay un yo fijado e intrínseco, es conocer el yo. Tenemos que conocernos a nosotros mismos total y absolutamente sin evitar nada, sin apartar nunca la mirada. Tenemos que ser curiosos acerca de eso que llamamos «Mi Vida», sobre esa persona que llamamos «Yo». Con el compromiso de aceptar el mundo, nos acercamos a nosotros para investigar.

La últimas palabras de la enseñanza de Dogen son: «Olvidar el yo es ser iluminado por todas las cosas». Con este compromiso hacemos el voto de no interponernos en nuestro camino, de dejar de insistir en que las cosas sean como nosotros queremos y en que la forma en que las queremos es como realmente son. Para olvidar el yo primero tenemos que conocer muy bien nuestro *shenpa*, nuestras propensiones, nuestras evasiones. Y después estar dispuestos a soltarlo todo. Tenemos que estar dispuestos a superar la pereza que nos mantiene mordiendo los mismos anzuelos una y otra vez como si no importara. Tenemos que estar dispuestos a escuchar nuestra sabiduría en vez de seguir nuestros patrones robóticos habituales. Tenemos que estar dispuestos a invitar a los sentimientos que dan miedo a quedarse más tiempo con nosotros para que podamos conocerlos en profundidad. Tenemos que estar dispuestos a aceptar el pensamiento de que estamos básicamente cuerdos, que somos básicamente buenos y de que tenemos el potencial de estar total y absolutamente despiertos e iluminados.

Entonces, cuando ya no nos seduzca el yo, Dogen dice que veremos la iluminación en todas las cosas. Esa es la experiencia del tercer compromiso: la vida en un *mandala* de iluminación que nos anima siempre a estar despiertos, vivos, totalmente presentes y más complacientes y disponibles para los demás.

El compromiso de no causar daño es muy específico en cuanto a lo que debemos cultivar y lo que debemos evitar. Es una lista de acciones que se consideran virtuosas y otras que no. No mentimos; siempre somos sinceros. No robamos; somos generosos, etc. Pero con el tercer compromiso tenemos que encontrar nosotros solos cómo proceder. No hay instruc-

NO HAY DÓNDE ESCONDERSE

ciones. No hay nada a lo que agarrarse. Tienes que decidir tú solo lo que te da fuerza interior, lo que reduce la confusión, lo que te ayuda a salir cuando estás atrapado, lo que te acerca a experimentar la vida sin historias personales. Y entonces puedes evitar cualquier cosa que te resulte demasiado abrumadora en el presente, cualquier cosa que no puedas gestionar todavía. Pero siempre tu aspiración será alcanzar el punto en el que no haya nada con lo que no puedas tratar, nada con lo que no puedas trabajar. Hasta entonces, simplemente debes seguir moviéndote en la dirección de la claridad, volviéndote cada vez más capaz de ver el *shenpa* como simple *shenpa*, estar atrapado como estar atrapado y los puntos de vista y opiniones como eso mismo.

La clave para este compromiso es ser sincero contigo mismo sobre lo que puedes y lo que no puedes gestionar en cada momento. Por ejemplo, si estás intentando recuperarte de la adicción a las drogas no puedes salir por ahí con tu antiguo camello. Si estás intentando dejar el alcohol, no frecuentas los bares. Pero con el tercer compromiso, a diferencia de con el primero, no hay una lista de lo que hay que hacer y lo que no, no hay una instrucción que te diga «no vayas a los bares». Si hay alguna lista será tu propia lista: una lista que sea solo una indicación de dónde estás ahora mismo. No pretendes evitar esas cosas durante el resto de tu vida. Si eres un alcohólico en recuperación, por ejemplo, probablemente querrás llegar al punto en que tu recuperación sea tan sólida que puedas ayudar a otros que todavía están encerrados en el ciclo de la adicción. Para hacer eso puede que alguna vez tengas que ir a un bar. Pero si después de veinte minutos en un bar te dices: «Para serle de utilidad realmente a esta persona creo que debería tomarme una copa», entonces te estás engañando.

Tenemos que decidir asuntos así en nuestra vida. Al nivel del tercer compromiso las decisiones son personales e individuales. Tal vez deseemos que hubiera una lista con lo que deberíamos hacer y lo que no, pero no la hay. La responsabilidad recae sobre nosotros.

Los tres compromisos juntos forman la educación del guerrero. En el camino del guerrero nos entrenamos pacientemente para no apartarnos nunca de nuestra experiencia. Y cuando nos apartamos, tenemos que discriminar entre apartarnos porque sabemos que no podemos gestionar eso en el momento o apartarnos porque no queremos sentir lo que estamos sintiendo, nuestra vulnerabilidad. Pero esa discriminación no se desarrolla en un segundo. Vamos llegando a ese punto centímetro a centímetro, momento a momento, paso a paso, trabajando con la mente y el corazón.

La gente me pregunta a menudo: ¿cómo saber cuándo apartarse de algo y cuándo lanzarse a ello? Y mi respuesta es: hay que practicar lo que nos sale de forma natural en cada momento. Si, con el primer compromiso, abstenerse de actuar de forma reactiva parece que va a ser lo que más te va a ayudar, hazlo. Pero si sientes que puedes mantener el corazón y la mente abiertos un poco más ante alguien que te irrita o que está provocando que te impacientes, entonces sigue tu instinto. Después puede que, gracias a que has podido permanecer abierto en esa situación un poco más, empieces a comprender qué significa no evitar esa situación en absoluto.

Según vamos profundizando en nuestra experiencia, empezamos a poder hablar y actuar libremente con la total confianza de que no vamos a causar daño. Pero sin esa autoconsciencia (sin saber si estamos atrapados, sin saber si nuestra mente y nuestro corazón están abiertos o cerrados) podemos estar casi seguros de que crearemos confusión y dolor. Nuestra intención con este voto es abrirnos completamente a lo que surja, a experimentar exactamente que donde estamos es un lugar sagrado. Una mente confusa percibe el mundo como algo confuso. Pero la mente que no está encasillada percibe el mundo como una tierra pura, un *mandala* de iluminación.

Lo que ocurre en nuestra tierra hoy es el resultado de las mentes colectivas de todos los del planeta. Así que el mensaje es que cada uno de nosotros tiene que hacerse responsable de su propio estado mental. El tercer compromiso indica que el mundo podría pasar de ser un lugar de agresividad creciente, con todo el mundo defendiendo su territorio y sus ideas fijas, a ser un lugar de iluminación.

Si nuestras mentes se vuelven frías y crueles y capaces de hacer daño a otros sin pensarlo, la guerra surge y el ambiente se deteriora. Ni el sistema político más brillante puede salvar al mundo si la gente sigue empeñada en una forma de vida basada en el miedo. La paz y la prosperidad vienen de cómo nosotros, ciudadanos del mundo, trabajamos con nuestras mentes. Al no huir de las vicisitudes de la vida, al abrirnos sin miedo a todas ellas, tenemos la oportunidad no solo de cambiar nuestra propia vida, sino también de ayudar a cambiar el mundo.

Creo que es importante hacer hincapié en que nosotros trabajamos en la mente y después, basándonos en eso, pasamos a la acción. Y realizamos una acción con la comprensión de que todo el mundo es básicamente bueno. Nadie se queda fuera. Nadie es expulsado del *mandala*. Cuando se reúnen las condiciones adecuadas, incluso la gente cuya vida no ha sido ejemplar puede estar a la altura de la ocasión y ponerse a ayudar a otros. Piensa por ejemplo en Oskar Schindler, el industrial alemán que salvó a cientos de judíos en la II Guerra Mundial empleándolos en sus fábricas de municiones y metales. No era el mejor hombre del planeta: para muchos era un aprovechado que se iba de fiesta con la élite de las SS. Pero Schindler defendió obstinadamente a sus trabajadores contra los esfuerzos nazis de deportarlos y siempre se le recordará por su nobleza y su coraje.

Como Schindler, muchos de nosotros somos una heterogénea mezcla de cualidades ásperas y suaves, dulces y amargas. Pero siempre que estemos en este momento, sean cuales sean nuestras vidas en el momento, este es nuestro *mandala*, nuestra base para trabajar por la iluminación. La vida de la iluminación no está en otra parte, en algún lugar lejano que solo es accesible cuando conseguimos hacerlo todo bien. Con el compromiso de aceptar el mundo como es empezamos a ver que la sensatez y la bondad están siempre presentes y que se pueden descubrir justo aquí y ahora.

10
El despertar en el osario

---------- ❈ ----------

E N EL TÍBET, COMO LA TIERRA ESTÁ CONGELADA la mayor
parte del año, los enterramientos son imposibles. Así que
cuando alguien muere, trocean el cuerpo y lo llevan a un osario, un camposanto, donde los chacales, los buitres y otras aves
de presa se acercan y se alimentan de las partes del cuerpo.
El osario es un lugar en el que por todas partes hay extremi-
dades, ojos y entrañas...; un lugar muy poco agradable, un
sitio por el que nadie querría andar.

Pero es en un lugar como ese, rodeados de recordatorios
clarísimos de la muerte y la impermanencia, donde los prac-
ticantes de meditación valientes permanecen despiertos y presentes en las circunstancias más difíciles. Es justo ahí, en el
medio de la mayor intensidad, donde podemos entrenarnos
con más profundidad para mantener el compromiso de aceptar el mundo como es.

El osario se ha convertido en una metáfora de la vida exactamente como es y no como nosotros querríamos que fuera.
En ese terreno básico coexisten simultáneamente muchos ti-

pos de experiencias. La incertidumbre y la falibilidad, la impermanencia y el cambio, las etapas buenas y las malas, la pena y la alegría, la pérdida y la ganancia..., todo esto constituye nuestro terreno, el *mandala* de nuestra vida, nuestra base para practicar la valentía y la compasión. Es nuestra potencial riqueza, nuestro poder. Por eso trabajamos con ello en vez de luchar contra ello. Si aspiramos a encontrar la libertad exactamente donde estamos, no puede haber una tierra más fértil para nuestro despertar.

La práctica del osario pone a prueba nuestro compromiso para aceptar el mundo como es; expande la definición de «tal como es» mucho más allá de lo que nos resulta cómodo. Se trata de una práctica para enfrentarnos a la totalidad de nuestra vida sin esconder lo inaceptable, lo vergonzoso, las partes desagradables; sin favorecer un tipo de experiencia sobre otra; sin rechazar una experiencia cuando duele o aferrarnos a ella cuando va como nosotros queremos. En el osario nos encontramos lo espantoso y lo espléndido, la totalidad de nuestra experiencia como seres humanos, y descubrimos que necesitamos ambas cosas para ser genuinos guerreros. Lo espléndido de la vida eleva nuestro espíritu y podemos seguir adelante con más entusiasmo. Cuando oímos noticias agradables o conocemos a maestros inspiradores, cuando disfrutamos de la compañía de buenos amigos o nos encontramos en lugares bonitos, cuando sentimos que todo es ideal y que va sobre ruedas, entonces nos sentimos alegres y en paz de forma natural. Pero si toda esta buena fortuna nos volviera arrogantes, complacientes o indiferentes al sufrimiento de los demás, ahí está la parte horrible para devolvernos la humildad. Acaba con cualquier sentimiento de superioridad o de creernos que tenemos derecho a algo, con todas las ilusiones de que la comodidad nos pertenece simplemente por haber nacido. Por otro lado, si hay demasiadas cosas horribles, demasiada tristeza y desesperación, acabaremos hundiéndonos y no queriendo salir de la cama. Así que la dulzura y la dureza de la vida se complementan. La parte espléndida nos proporciona perspectiva y la parte horrible nos devuelve a la tierra. Justo cuando estamos a punto de tirar la toalla, una palabra amable, una vista del océano o el sonido de una bella canción pueden salvarnos el día. Y justo cuando todo va perfecto y nos volvemos arrogantes, un infortunio inesperado, las malas noticias del médico o la muerte inesperada de un ser querido puede traernos a la tierra en un segundo y volvernos a conectar con nuestro tierno corazón.

Cuando la vida es incómoda, cuando estamos muy inquietos y no sabemos hacia dónde ir, es más difícil permanecer presentes. Pero también es el momento en que hacerlo puede resultar más gratificante. Es un reto practicar el estar presentes cuando estamos abatidos, agobiados, abrumados o cuando nos vemos entre la espada y la pared. Pero justo entonces, cuando estamos en un atolladero, es cuando tenemos la situación ideal para practicar. Podemos hacer algo radical: aceptar el sufrimiento como parte de nuestro terreno, parte de nuestro *mandala* de iluminación y relacionarnos con él directamente. No nos vamos a despertar en ningún paraíso donde las circunstancias hayan sido creadas a nuestro antojo. Vamos a despertar en el osario.

Así que cuando te encuentres en una situación que seguro que va a desencadenar tus propensiones (pasar una larga temporada con los familiares es un buen ejemplo), puedes practicar el asentarte en la situación y relacionarte totalmente con ella exactamente donde estás. Si puedes permanecer presente incluso en las circunstancias más complicadas, la intensidad de la situación te transformará. Si consigues ver el peor de los infiernos como un lugar en el que puedes encontrar el despertar, tu mundo cambiará dramáticamente.

Pero esta no es la forma en la que normalmente nos relacionamos con las dificultades y el desasosiego, claro. Hay unos pocos afortunados que consideran todo como si fuera una aventura, no importa lo desafiante o lo doloroso que sea, pero la mayoría de nosotros no vemos la vida así. Y si alguien sugiere que nuestro sufrimiento es una gran oportunidad para practicar, no es probable que nos lo tomemos bien. Está escrito en nuestro ADN que cuando las cosas son desagradables y dan miedo nosotros buscamos la salida más cercana. Si nos encontramos en un edificio en llamas, instintivamente nos dirigimos a la puerta. Querer escapar del dolor es la razón por la que mucha gente empieza un camino espiritual. Y puede ser una buena motivación, porque nos empuja a buscar respuestas. El problema es que la mayoría de nosotros pasa toda su vida yendo de una promesa de liberación a otra, pero nunca se queda con el dolor el tiempo suficiente para aprender algo de él.

Sin embargo, antes o después, todos encontramos una intensa emoción de la que no podemos huir. Puede ser el miedo que surge de una situación verdaderamente perturbadora o la sensación de estar atrapados y a punto de ser arrastrados. Un signo de que ya has empezado la práctica del osario, tanto si te has dado cuenta como si no, es si ves venir sentimientos fuertes y entonces, en vez de intentar librarte de ellos, te acercas y te muestras curioso. Cuando estás abierto a invitar a las emociones difíciles a que se queden contigo para enseñarte algo, entonces ya estás en el estado mental adecuado para realizar esta práctica.

Lo que hayamos comprendido e internalizado de la práctica de los dos primeros compromisos nos sirve como base para la práctica del osario. Sin esa base, trabajar con sentimientos tan intensos resultaría abrumador. Con el compromiso de no causar daño aprendemos a reconocer el *shenpa* cuando surge y a evitar actuar o hablar en un estado de confusión. Empezamos a entrenarnos para estar presentes y aumentar nuestra tolerancia a la falta de apoyos firmes. Con el segundo compromiso vamos un paso más allá y nos entrenamos para ser totalmente conscientes de nuestros sentimientos y, con eso como base, abrirnos a los demás. Comenzamos a sentir profundamente nuestra igualdad con todos los seres, animales y personas por igual, y a sentir sus luchas como si fueran las nuestras. Cuando empezamos a desenredarnos de la confusión y el dolor, necesitamos ayudar a otros a desenredarse también. Se trata de una forma de vivir mucho más atrevida y menos cómoda y nos pone directamente en contacto con la falta de apoyos sólidos de nuestra condición.

Al establecer una relación más compasiva y honesta con el mundo podemos ir aún más allá y superar cualquier vacilación que nos quede acerca de tratar con la fealdad de la vida. Con el tercer compromiso no rechazamos nada que surja en nuestro *mandala* de iluminación. De hecho nos sentimos bastante comprensivos con toda la confusión de la vida. Justo en medio de esa tierra fértil, con los chacales y los buitres cerniéndose sobre nosotros, nos sentamos y empezamos a practicar. Empezamos con la comprensión de que no podemos experimentar un profundo bienestar sin trabajar con la desagradable realidad de la vida y no contra ella.

Un soldado con trastorno de estrés postraumático me contó que este enfoque radicalmente diferente del dolor le había salvado la vida. Por fin había encontrado una forma de trabajar con los recurrentes recuerdos de haber visto a un compañero al que estaba muy unido saltar en pedazos justo a su lado. En vez de intentar librarse de esos horribles recuerdos y las emociones que le desencadenaban, un terapeuta le animó a volverse hacia ellos, a apoyarse en esas emociones y a sentirlas con toda la valentía que pudiera reunir. Empezó a hacerlo en sesiones cortas y eso le permitió relajarse con su vulnerabilidad y su impotencia, con la sensación de que la muerte de su amigo había sido culpa suya, que podía haberla evitado y que él no se merecía ser el que había sobrevivido. Poco a poco, según fue dejando surgir los sentimientos, crecer en intensidad y después dejarlos pasar de largo, su abrumadora sensación de culpa y fracaso empezó a aligerarse y por primera vez en tres años fue capaz de dormir toda una noche.

Cuando empecé a ver la vida con un espíritu más cercano al del guerrero, yo me moría de ganas por que algo fuera mal para tener algo verdaderamente interesante con lo que trabajar. Pero pronto descubrí que por muy deseosa que estuviera de que mis propensiones surgieran para poder liberarme de ellas, cuando ocurrió (el perro me mordió en el brazo) recibí una lección de humildad. Sentí una gran compasión por las cosas a las que tenemos que enfrentarnos los seres humanos. Si hacemos esta práctica en serio, las emociones y los patrones habituales con los que trabajamos pueden golpearnos con tanta fuerza que necesitaremos todo lo que tengamos para no salir huyendo.

A veces me sentía como Ulises, atado a un mástil para no seguir el canto de las sirenas. Era como si un enorme imán estuviera intentando arrastrarme y evitar que siguiera presente. Me sentaba con una sensación intensa y entonces una vocecita en mi cabeza empezaba a decirme cosas como «Deberías comprobar que has apagado la cocina» o «Tal vez esto sea malo para tu corazón». Nuestros viejos hábitos son unos oponentes nada desdeñables. Incluso aunque estemos deseosos de que todo se derrumbe para poder hacer la práctica del osario, cuando realmente ocurre cuesta muchísimo. Necesitamos una motivación fuerte para permanecer con ella, porque el deseo de escapar es cautivador.

Desde la perspectiva de la práctica del osario, el caos de nuestras vidas no es terrible. Es simplemente un material con el que trabajar. Pero visceralmente provoca un sentimiento espantoso y eso no nos gusta nada. Así que hace falta coraje y una disciplina amable y compasiva para mantenernos firmes en la meditación. Lo que nos ayuda a seguir adelante es que la práctica nos pone en contacto con la energía viva de nuestras emociones, una energía que tiene un poder tremendo: el poder de despertarnos. Por su intensidad puede sacarnos de nuestra neurosis, de nuestro capullo de seda de miedo, y llevarnos al mundo sagrado.

Cuando hablo sobre el despertar en el osario no me refiero a la forma tradicional de la práctica, sino más bien a su esencia. Para mí esto queda clarísimo en una de las enseñanzas de Dzigar Kongtrül:

Siente tus emociones directamente, no te apropies de ellas y deja que su poder te abra.

Durante algún tiempo he estado trabajando con esa instrucción en la práctica, explorando esas palabras como apoyo para relacionarme con los sentimientos no deseados y como forma de ir más allá de la cortedad de miras, la complacencia y la burbuja de ego encerrado en sí mismo y acercarme a la sensación de desarraigo.

Ordinariamente las emociones incómodas no nos abren, nos cierran. Nos volvemos más temerosos. La mente se vuelve loca creando situaciones muy elaboradas e intentando encontrar la forma de librarse de esos sentimientos incómodos y desagradables. Nuestra principal estrategia es normalmente culpar a otros por cómo nos sentimos. Como tendemos a proyectar tantas cosas en la situación externa, la instrucción de Dzigar Kongtrül es que rompamos con nuestras reacciones habituales y sintamos las emociones *directamente*, lo que significa sin comentarios, sin interpretaciones, sin tener una conversación en la cabeza sobre lo que está pasando. Significa no ver las emociones como adversarios, sino unirnos a ellas, aceptarlas, hacernos íntimos con ellas. Si los pensamientos surgen, la instrucción es interrumpir su inercia pasándolos por alto, y después volver a conectar con la crudeza de la energía. Experimentar esa crudeza de la emoción directamente es como poner accidentalmente la mano sobre el fogón ardiente y sentir el dolor como pura sensación, sin nada que la embellezca.

Al tocar un fogón ardiendo, en cuanto te das cuenta del dolor, apartas inmediatamente la mano. No la dejas sobre el calor para explorar el dolor. De la misma forma, en la práctica del osario estamos presentes con la emoción fuerte solo brevemente al principio. La instrucción dice: «Momentos cortos repetidos una y otra vez». En vez de intentar soportar una exposición prolongada a un sentimiento intenso, lo tocamos durante dos o tres segundos y después hacemos una pausa y respiramos con calma antes de volver a tocarlo. O tal vez simplemente estamos con el sentimiento conflictivo durante cinco o seis minutos y después seguimos con nuestros quehaceres cotidianos, ya más en contacto con nuestras emociones y por ello con menos probabilidades de vernos arrastrados por ellas.

La práctica en el osario es como tomar pequeños sorbos de una medicina amarga, poco a poco a lo largo del tiempo, en vez de beberse todo el frasco de una vez. Gradualmente, sorbo a sorbo, poco a poco, creamos las condiciones para permanecer presentes con lo que esté pasando en nuestro cuerpo y nuestra mente. Cultivamos nuevas formas de ver nuestra experiencia, de tratar con el desasosiego, de aceptar la falta de apoyos estables. El soldado con síndrome de estrés postraumático me dijo que la instrucción de hacer la práctica en periodos cortos fue crucial para permitirle estar presente.

La práctica del osario como yo la describo normalmente se hace en el lugar donde estamos, con lo que sea que esté sucediendo en el momento. «Deja que su poder te abra», dice la instrucción; deja que el poder de tus emociones te abra. Siéntate en medio de un lugar en el que te sientas cómodo y eleva tu confianza, tu capacidad innata para abrirte a la experiencia. Igual que en la práctica de tres pasos, en esta tienes que estar totalmente en el momento presente y ser consciente de lo que estás sintiendo física y mentalmente. Tienes que tener la sensación de estar completamente aquí. Después extiende la calidez para abarcar tu situación interna (tus sentimientos, tu estado mental) y externa. Acepta cualquier cosa que surja con curiosidad y compasión, sin distanciarte de lo que está ocurriendo, sin sesgo alguno y sin hacer nada para aumentar o exagerar la situación. Solo abrirte a ella tan total y genuinamente como puedas.

Pero ¿cómo nos abrimos del todo exactamente? Es una pregunta que me hacen muy a menudo. «Abrirse» significa algo diferente para cada persona, de forma que cada uno de nosotros tiene que encontrar su manera de hacerlo. Una forma de experimentar el sentimiento de abrirse es prestar atención a las percepciones sensoriales. Solo parar y escuchar. Escuchar con atención durante unos momentos los sonidos que hay cerca. Y después, durante unos momentos, los que se oyen en la distancia. Escuchar sin describirte la experiencia o intentar dilucidar lo que estás oyendo. Otra forma de abrirte al sonido es ir a dar un paseo y dejar que los sonidos sean la sensación primaria.

Puedes intentar el mismo ejercicio con el gusto. Cierra los ojos y que alguien te ponga algo de comer en la boca sin decirte lo que es. Intenta experimentar el primer sabor sin ideas preconcebidas. Aunque solo sea por un momento, intenta tener una experiencia nueva y sin condiciones del sabor como un simple sabor, nada más.

Esta práctica se puede hacer con cualquier percepción sensorial. Con los ojos cerrados, pídele a alguien que te guíe unos pasos y después te deje justo delante de un objeto. Abre los ojos y mira el objeto. Míralo como si fuera la primera vez que lo ves (o la última). Si supieras que vas a morir dentro de unos minutos estarías automáticamente muy abierto, muy receptivo a todo lo que ocurriera en esos minutos: las visiones, los sonidos, las sensaciones de tus momentos finales.

La instrucción de Dzigar Kongtrül también nos dice que nos relacionemos con nuestros sentimientos «sin apropiarnos de ellos». ¿Qué significa experimentar los sentimientos sin apropiarnos de ellos? Significa experimentarlos sin solidificarlos, sin concretarlos, sin aferrarse a ellos como *mis* sentimientos, sin proyectar nuestras interpretaciones sobre ellos. Significa experimentarlos sin nuestro equipaje personal. «Directamente» es algo que podemos conseguir con el entrenamiento, pero «sin apropiarnos de ellos» es algo que nos va llegando lentamente con el tiempo. No podemos forzarlo. Para mí, sentir las emociones sin apropiármelas es algo que pasa a nivel orgánico, naturalmente, como resultado de prestarles toda nuestra atención sin historias añadidas. La emoción entonces se convierte en la puerta del vivir sin estar centrados en nuestro ego, la puerta a experimentar la impermanencia y la fugacidad de un yo fijo, la cuestionabilidad de un yo inamovible y fiable.

Descubrimos esa actitud de no apropiarnos de lo que sentimos poco a poco, pero siempre es un requisito previo estar presentes. Cuando podemos estar presentes con una emoción sin distracciones, nos damos cuenta muy rápido de lo insustancial y fugaz que es. Lo que parece tan amenazante, tan sólido, tan duradero, empieza a disolverse, dejándonos una experiencia inmediata de la impermanencia cuando el sentimiento surge, se queda un momento y después pasa de largo. Sentimos una emoción que amenaza con hundirnos, pero si permanecemos abiertos a ella y la miramos directamente, o desaparece o se convierte en otra cosa. El miedo se convierte en tristeza. La furia, en desesperación. La alegría, en vulnerabilidad. Cuando las emociones empiezan a pasar no sabemos en qué se van a convertir.

A partir de estar presentes con la impermanencia y el cambio nos volvemos más confiados, más valientes, más dispuestos a aceptar la falta de apoyos estables donde arraigarnos de la condición humana. Nuestra experiencia de esa actitud de no apropiarse se hace más profunda. Si somos lo bastante valientes para experimentar nuestras emociones directamente y sin ego de por medio, ellas pierden su capacidad de seducción. La maestra budista Dipa Ma dio esta instrucción acerca de cómo relacionarse con las emociones desinteresadamente, sin apropiarse de ellas: «Cuando te sientas feliz, no te impliques con esa felicidad. Cuando te sientas triste, no te impliques con esa tristeza. Solo sé consciente de ellas».

Cuando ya no estás tan enredado con tus emociones puedes experimentar su poder directamente. Su intensidad y su energía dinámica, en vez de asustarte, sirven para despertarte. No se descubre esto intentando librarse de la parte amarga de la vida; se descubre ocupando tu lugar en el osario con la confianza de que ahí es donde perteneces, que ese es tu sitio. Ahí es donde te despiertas; con la práctica del osario no te retraes. Y en el proceso desarrollas una especie de apetito por el despertar.

La forma básica de la práctica del osario ya te es familiar. Es esencialmente la misma que la práctica de los tres pasos. La diferencia es que en la práctica del osario con lo que trabajas, a lo que te abres, es un desafío mayor y mucho más intenso. Si te encuentras queriendo desesperadamente no sentir lo que estás sintiendo, probablemente ha llegado el momento de realizar esta práctica.

Empieza acercándote totalmente al presente. Después, de pie o sentado, ocupa tu lugar en medio del caos y el dolor de la vida con alegría y confianza y sin miedo.

Siente tu corazón y nota que puedes trabajar en ese lugar desagradable, que tiene su razón de ser. Permítete volverte más blando y más tierno, más abierto y más curioso.

Después da el salto al siguiente momento, «repentinamente libre de una mente encasillada», como dijo Chögyam Trungpa. Sigue hacia delante con compasión y una mente abierta.

Al hacer la práctica del osario incluso durante unos pocos segundos algo dentro de ti empieza a cambiar. Volverte hacia la intensidad de la vida y aceptarla no solo te proporciona una experiencia directa de la impermanencia, la muerte y el no apropiarse de lo que acontece, también sirve para apreciar la falta de apoyos estables de la vida, la vida como realmente es.

Conozco presos que se entrenan con la práctica del osario todos los días. En ese ambiente el miedo a la muerte es muy real. Un preso me dijo que durante casi un año tuvo miedo de salir al patio porque había otros presos que querían matarle. Pero entonces se enfrentó cara a cara con su miedo y se sentó con él en su celda una vez tras otra. Como resultado sintió como si le hubieran quitado un peso de encima y de repente ya podía estar abierto a lo que fuera que pasara entre los otros presos y él. Pudo salir al patio y sentarse al lado de alguien y decirle: «¿Qué tal te va la vida?». Y los otros presos empezaron a contarle lo malo que era todo aquello para ellos. Su vida empezó a parecer un paraíso comparada con cómo eran las cosas para muchos de los internos. «Todos nos vamos a morir de todas formas, así que ahora me interesa más apreciar mi vida y ayudar como pueda en vez de quedarme sentado en mi celda temiendo perderla», me confesó.

Solo al tocar completa y directamente la realidad de lo que está ocurriendo en nuestro interior podemos aceptar la amargura, la dureza, la falta de apoyos consistentes donde arraigar nuestra vida con la misma disposición que aceptamos la dulzura. Pero cuando la situación exterior es tan inestable como hoy en día (inseguridad financiera, inquietud política, falta de trabajo, de casa, caos y guerras en ciernes) es muy difícil hacerlo. ¿Cómo mantenemos nuestra compasión y amabilidad en medio de toda esa confusión? Debemos volvernos hacia ella con una actitud diferente. Todos los días son una oportunidad para hacer la práctica del osario.

Tanto si estamos enfadados porque alguien nos ha quitado la plaza de aparcamiento como si estamos abrumados por la enfermedad, las deudas o los recuerdos, tenemos en todo eso una oportunidad para despertar. La intensidad de la vida en la actualidad está desencadenando altos niveles de ansiedad e inquietud interna, creando un ambiente ideal para la práctica del osario. Podemos hacerla poco a poco a lo largo del día, con la actitud de permanecer confiadamente en el centro de nuestra vida y tomándonosla como nuestro campo de entrenamiento. Este es el tiempo y el lugar en el que podemos entrar en el mundo sagrado.

Es crucial para todos nosotros encontrar una práctica que nos ayude a tener una relación directa con la falta de apoyos sólidos donde arraigarnos, con la impermanencia y la muerte. Una práctica que nos permita entrar en contacto con la transitoriedad de nuestros pensamientos, nuestras emociones, nuestro coche, nuestros zapatos, la pintura de la casa... Podemos acostumbrarnos a la fugacidad de la vida de una forma natural y tranquila, incluso alegre, viendo cambiar las estaciones, viendo cómo el día se convierte en noche, viendo a los niños crecer, viendo cómo los castillos de arena se disuelven en el mar. Pero si no encontramos la forma de reconciliarnos con la falta de apoyos consistentes y la energía siempre cambiante de la vida, entonces siempre estaremos luchando por encontrar la estabilidad en un mundo cambiante. Y la vejez y la muerte llegarán provocándonos una terrible conmoción. Seguro que muchos de nosotros tenemos miedo a la muerte, y hacerse viejo tiene muchas desventajas: ya no oyes tan bien como antes, te duele la espalda, se te olvidan las cosas. La gente más joven, si se da cuenta de que existes, te ve como alguien agotado, inútil, que ya va cuesta abajo, así que tu imagen propia se ve erosionada.

Al entrenarnos en la práctica del osario descubrimos que la muerte no es un enemigo y que la edad no tiene por qué ser algo abrumador. Yo creo que la edad tiene muchas ventajas: por ejemplo, me cuesta mucho menos dejar que las cosas fluyan tal y como son. Saber que las cosas pasan tan rápido hace que todo lo que me surge me resulte algo extremadamente precioso; sé que cada sabor, cada olor, cada día, cada reunión o cada despedida pueden ser los últimos de mi vida. Cuando veo a los ancianos encorvados e intentando caminar con la ayuda de andadores sé que eso puede ser lo que me espera a mí. He empezado a identificarme con las personas muy mayores tan íntimamente que, en vez de sentir la necesidad de apartarme de ellos, lo que siento es una inmensa compasión.

Según me voy acercando a la muerte me siento inspirada para seguir entrenándome en la práctica del osario gracias a esta oración de Dzigar Kongtrül:

> Cuando las apariencias de esta vida se disuelven
> Quiero dejar ir con facilidad y gran alegría
> Todo lo que me vincula a esta vida
> Como un hijo o hija que vuelve a casa.

El tercer compromiso nos abre directamente a la realidad. Somos capaces de estar presentes con la impermanencia y la muerte y con los momentos más aterradores y humillantes de nuestra vida. Ya no buscamos alguna otra cosa que no sea el momento en el que estamos, no perseguimos un mundo ideal. En medio de la práctica del osario, en medio del *mandala* de nuestra vida, por fin podemos contemplar el desarraigo, la impermanencia, la senectud, la enfermedad y la muerte y estar serenos con el pensamiento: «Así es como es. Mi vieja camisa no va a durar para siempre y yo tampoco».

Conclusión

En este momento de la historia no debemos
tomarnos nada como algo personal, tampoco
a nosotros mismos. En el momento en el que estamos
nuestro crecimiento espiritual y el viaje llegan a su
fin. El tiempo del lobo solitario
ha terminado.

LA PROFECÍA DE LOS ANCIANOS HOPI
EN EL AÑO 2000

11
Nos necesitamos

E N EL MOMENTO MÁS DURO DE MI VIDA, cuando me sentía totalmente abatida, empecé a ver búhos por el día. Me sentía desesperada del todo, levantaba la vista y ahí estaba: posado sobre una pila de leña, en un árbol o en la cumbre de la colina había un búho que me guiñaba un ojo. Eso siempre me hacía reírme de mí misma y seguir mi vida con un cambio de perspectiva total.

Cuando la vida es dura, adquirir un compromiso con la sensatez puede proporcionarte ese mismo tipo de llamada de atención. Trabajar con alguno de los tres compromisos te dará una nueva perspectiva precisamente cuando más la necesitas, cuando estás a punto de derrumbarte.

Así que te voy a dejar con una pregunta: ¿estás listo para asumir un compromiso? ¿Es el momento adecuado para ti para comprometerte a no causar daño, a dedicarte a obrar en beneficio de otros, a aceptar el mundo como es? ¿Estás dispuesto a contraer uno de estos compromisos (o todos) durante toda tu vida, durante un año, un mes o incluso un día? Si sientes que quieres hacerlo, empieza justo donde estás y expresa en voz alta el compromiso contigo mismo o díselo a un amigo, un mentor o un maestro espiritual. Y haz el compromiso sabiendo que si lo rompes, simplemente debes aceptar que lo has roto y empezar de nuevo.

Bajo la pregunta de si estás listo para asumir estos compromisos subyace una pregunta más profunda: ¿estás listo para embarcarte en el viaje de aceptar el desarraigo de la vida? ¿Estás listo para plantearte el enamorarte de la siempre cambiante y nunca segura realidad de nuestra situación? Los tres compromisos, tal y como han sido expuestos, son un apoyo para perderle el miedo al desarraigo, para establecer una relación íntima con él, para reconciliarnos con la incierta condición del ser humano.

El otro día me desperté por la mañana preocupada por el bienestar de un amigo muy querido. Sentía una especie de dolor en mi corazón por él. Cuando me levanté, miré por la ventana y vi tal belleza que consiguió dejar mi mente en blanco. Y simplemente me quedé ahí, con el dolor en el corazón por la situación de mi amigo y mirando los árboles con las ramas pesadas por la nieve recién caída y un cielo que era de un tono entre azul y morado, semioculto por una leve niebla que cubría el valle convirtiendo el mundo en una verdadera visión de la Tierra Pura. Justo entonces una bandada de pájaros amarillos se posó en la verja y me miró, lo que aumentó aún más mi sensación de asombro.

Me di cuenta entonces de lo que significa tener un dolor en el corazón y simultáneamente verte profundamente conmovida por el poder y la magia del mundo. La vida no tiene que ser de una forma o de la otra. No tenemos que ir saltando de una a otra. Podemos vivir perfectamente con lo que surja ante nosotros: dolor de corazón y alegría, éxito y fracaso, inestabilidad y cambio.

Falta de arraigos sólidos, incertidumbre, inseguridad, vulnerabilidad... son palabras que suelen tener una connotación negativa. Solemos recelar de esos sentimientos e intentamos eludirlos a toda costa. Pero la falta de arraigos no es algo que necesitemos evitar. El mismo sentimiento que nos perturba tanto, si nos abrimos a él, podemos experimentarlo como un enorme alivio, como una libertad de todas las ataduras. Podemos experimentarlo como una mente tan libre de prejuicios y relajada que hace que nos sintamos expansivos y alegres.

Shantideva lo experimentó así:

Cuando lo real y lo irreal
Están ausentes de la mente,
A la mente no le queda más que hacer
Que descansar en una paz perfecta,
Libre totalmente de conceptos.

Pero ¿cómo ocurre ese cambio? ¿Cómo puede algo que no nos gusta volverse algo relajante? El sentimiento en sí mismo no cambia; solo dejamos de resistirnos ante él. Dejamos de evitar lo inevitable, de luchar contra la naturaleza dinámica y siempre cambiante de la vida. En vez de eso nos acomodamos con ello y lo disfrutamos.

Chögyam Trungpa demostró la naturaleza coemergente de los sentimientos en sus enseñanzas sobre el aburrimiento, sobre cómo nos sentimos cuando no pasa nada. El aburrimiento sofocante, explicaba, es un sentimiento inquieto, impaciente, que nos provoca la sensación de «quiero salir de aquí». Pero también podemos experimentar el hecho de que no pase nada como un aburrimiento fresco, una sensación despreocupada y espaciosa de estar totalmente presentes sin ningún entretenimiento y sentirnos absolutamente cómodos con eso.

Igualmente la sensación de no tener nada a lo que agarrarse que nosotros etiquetamos como falta de arraigo puede pasar de ser una sensación sofocante, inquietante y desagradable que queremos evitar, a ser un estímulo nuevo que nos resulta a la vez vigorizante y profundamente tranquilizador. Yo llamo a esta sensación desarraigo positivo.

Es natural querer un alivio del estrés que sentimos cuando nos encontramos con la incertidumbre fundamental de ese desasosiego, de la tensión, de la contracción en la espalda o el cuello. No hay razón para hacernos un reproche por ello porque para nosotros la falta de arraigos no es positiva. De hecho, mientras nos estamos desenganchando de la certidumbre, no es mala idea mantener cierto grado de esa misma certidumbre para que nos sirva como apoyo. Pero ¿cuánta red de seguridad necesitas? Solo tú puedes responder a eso. Sea lo que sea lo que necesites (las prácticas que presento aquí, una comunidad de amigos que también están en el mismo camino, un maestro al que respetas), debes aferrarte a esa red de seguridad solo temporalmente con la aspiración de darte cuenta de que en último término no hay red de seguridad y con la intención de experimentar esas mismas cosas como algo liberador en vez de aterrador.

Es como esa enseñanza del budismo zen que dice que necesitas una balsa para cruzar el río, pero cuando llegas a la otra orilla tienes que dejar atrás la balsa. No te quedas aferrado a ella para siempre.

La diferencia en nuestra historia es que la balsa nunca pasa del medio del río. Se queda flotando allí sin peligro mientras trabajamos con el primer compromiso, pero empieza a deshacerse con el segundo y se desintegra del todo con el tercero. Aunque para ese momento no tener nada a lo que agarrarte ya no te resultará en absoluto un problema.

Chögyam Trungpa solía hacer unos retiros de tres meses regularmente. Un año yo le serví como supervisora de la práctica. Mi tarea consistía en asegurarme de que la meditación transcurría correctamente en la sala y que todo se desarrollaba según lo previsto. Yo estaba encantada al principio porque todo funcionaba como un reloj... Pero entonces Chögyam Trungpa lo puso todo patas arriba. Si la charla de las tardes estaba prevista para las tres de la tarde, él llegó a las tres el primer día, a las cuatro el siguiente y el tercer día nos mantuvo esperando hasta las cinco. Para la cuarta charla tuvimos que esperar ¡hasta las diez de la noche! ¡Hablando de la falta de arraigos estables! Los organizadores no sabían qué hacer con la planificación. Los cocineros no sabían cuándo servir las comidas. Pasado un tiempo ya no sabíamos muy bien si era de día o de noche.

Y esto resultó ser el mejor entrenamiento posible para aceptar la incertidumbre fundamental de la condición humana, la falta de arraigos estables fundamental de la vida. Podíamos volvernos locos cuando nuestros planes cuidadosamente organizados se iban al garete, cuando los horarios se iban por la ventana, cuando la gente no venía cuando decía sino que aparecía cuando menos te lo esperabas. Pero en algún punto simplemente tuvimos que dejar de preocuparnos y rendirnos ante la vida, permanecer abiertos a las posibilidades ilimitadas de lo que (o quien) fuera apareciendo en nuestro *mandala*.

Los tres compromisos son pilares extremadamente útiles que nos sirven de apoyo para acercarnos al desarraigo. Nos proporcionan una guía sobre lo que hacer, lo que no hacer y lo que esperar en el proceso. Lo que no pueden decirnos es cómo se *siente* realmente el camino, el cambio de pasar de resistirte a la falta de arraigos a aceptarla. A mí se me ha ocurrido una analogía que puede servir para describir esta transformación inefable: la experiencia de que te extraigan quirúrgicamente unas cataratas graves de los ojos. Aproximadamente una semana después de esta operación, miré a mi alrededor y vi el mundo con una visión nueva y tan clara que me dejó sin aliento. Visualmente todo era increíble. Podía utilizar palabras como «vívido» o «vibrante» para describir los colores. Podía utilizar frases como «cielo enorme» o «amplias vistas» para describir un paisaje. Pero ni esas palabras ni ninguna otra que se me pudiera ocurrir era capaz de transmitir adecuadamente la sensación de expansión que sentí cuando vi un panorama multidimensional lleno de colores brillantes. Hasta entonces no me había dado cuenta de lo limitada que era mi visión.

Esta experiencia me recuerda una historia tradicional tibetana que se llama *La rana en el pozo*. Un día, una rana que había vivido toda la vida en un pozo recibió la visita de una rana que vivía junto al océano. Cuando la rana del pozo le preguntó a la otra acerca del tamaño del océano su amiga contestó:

—Es gigante.

—¿Quieres decir como un cuarto del tamaño del pozo? —le preguntó la primera rana.

—Mucho más —respondió.

—¿Quieres decir que es tan grande como mi pozo? —volvió a preguntar la rana incrédula.

—Mucho más. No hay comparación —afirmó la rana que vivía junto al mar.

—Eso es imposible. No te creo —le dijo la rana del pozo.

Así que ambas se fueron juntas a comprobarlo. Y cuando la rana del pozo vio el tamaño del océano, le causó tanta impresión que su mente no pudo procesarlo y se murió allí mismo.

El viaje a través de los tres compromisos no será la causa de la muerte de nadie, pero seguro que te deja sin habla. No se puede describir adecuadamente con palabras, ni las mías ni las de nadie. Simplemente hay que experimentarlo personalmente. Tienes que hacer el viaje por ti mismo.

Cuando nos entrenamos con los tres compromisos, descubrimos lo que podemos hacer como seres humanos. Hacer cada voto en su momento e integrar lo que tiene que enseñarnos es algo como pasar de ser un niño que gatea (ansioso, lleno de vida pero con poca idea de lo que le espera) a llegar a ser un ser humano totalmente maduro viviendo en un mundo vívidamente irreal y siempre presente.

En sus profecías del año 2000, los ancianos hopi dijeron que para no vernos destrozados por los tiempos turbulentos tenemos que alejarnos de la orilla y permanecer en el medio del río, en un incesante flujo de vida. Pero no dijeron que teníamos que hacerlo solos. «Mira quién está ahí en el medio contigo y celebradlo», dijeron. «El tiempo del lobo solitario ha terminado».

Con los años he llegado a entender que incluso aunque yo haya querido ser un lobo solitario, no he podido. Nosotros estamos en esto juntos, todos tan interconectados que no podemos despertar sin los demás. Necesitamos ayudarnos los unos a los otros para soltar la orilla y permanecer en el medio del río sin chalecos salvavidas ni tubos de buceo y sin intención de volver a aferrarnos a algo nunca más. Los tres compromisos nos lanzan a un viaje emocionante, un viaje al que entregar nuestra vida, apreciándonos los unos a los otros y nuestro ilimitado potencial para la bondad.

El grito del guerrero es: «Nos necesitamos». Hacemos este viaje por nosotros, por nuestros seres queridos, por nuestros enemigos y por todos los demás. Como todos compartimos el mismo planeta, es una locura seguir actuando de una forma que acabará destruyéndolo.

Ojalá todos aprendamos que el dolor no es el final del viaje, como tampoco lo es el placer. Podemos tener ambos (todo en realidad) al mismo tiempo, recordando siempre que todo en estos tiempos quijotescos, impredecibles, inestables, inquietantes, emocionantes y conmovedores es una puerta para despertar al mundo sagrado.

Agradecimientos

GRACIAS A MIS PRINCIPALES MAESTROS, Chögyam Trungpa Rinpoche, Dzigar Kongtrül Rinpoche y Sakyong Mipham Rinpoche. Les debo mi gratitud de todo corazón por todo lo que me han enseñado y por la paciencia que han tenido conmigo.

A mi leal y dedicada secretaria, Glenna Olmsted, y a Greg Moloney. Mi más profundo agradecimiento por haberme ayudado a transcribir este manuscrito y por vuestra amabilidad y apoyo constantes.

A mi editora, Joan Oliver. Le dedico mi agradecimiento por recopilar las transcripciones originales de estas charlas y transformarlas con tanta habilidad en este libro. Ha sido un verdadero placer poder trabajar con Joan.

Y quiero expresarle mi gratitud también a Dave O'Neal, mi editor en Shambhala Publications, por su ayuda y ánimo.

Otras lecturas

Chödrön, Pema. *No hay tiempo que perder*. Madrid, Rigden Editorial, 2011.

Kongtrül, Dzigar. *Depende de ti: la práctica de la autorreflexión en el camino budista*. Madrid, Rigden Editorial, 2006.

Kongtrül, Dzigar. *La luz que nos alcanza: enseñanzas budistas sobre el despertar de nuestra inteligencia natural*. Madrid, Rigden Editorial, 2008.

Shantideva. *La práctica del bodisatva: una traducción del Bodicharyavatara de Shantideva*. Alicante, Ediciones Dharma, 2008.

Trungpa, Chögyam. *Shambhala: la senda sagrada del guerrero*. Barcelona, Editorial Kairós, 2011.

Trungpa, Chögyam. *Sonríe al miedo: despierta tu valentía interior*. Prólogo de Pema Chödrön. Barcelona, Editorial Kairós, 2011.

De la misma autora

978-84-8445-429-8

CUANDO TODO SE DERRUMBA

Palabras sabias
para momentos difíciles

Pema Chödrön

Esta obra cálida, nos recuerda que la vida es un buen maestro y amigo; y que los momentos difíciles de nuestra vida, son precisamente una situación ideal para librarnos de lo que nos mantenía atrapados y para abrir nuestro corazón.

COMIENZA DONDE ESTÁS

Guía para vivir compasivamente

Pema Chödrön

978-84-8445-410-6

Un manual necesario para cultivar nuestro espíritu intrépido y despertar el corazón compasivo. Con lucidez y humor, nos presenta una guía práctica de cómo hacernos amigos de nosotros mismos y desarrollar la compasión hacia los demás.